别让工作追着自己跑

追着工作做成功一定拥抱你　被工作追着跑失败一定陪伴你

李广超　杨富华◎著

工作宝典

工作感悟：主动工作是成就自我的精髓
职场戒律：被动工作是毁灭人生的教训

中国言实出版社

图书在版编目(CIP)数据

别让工作追着自己跑/李广超，杨富华著. — 北京：中国言实出版社，2012.11

ISBN 978-7-5171-0013-3

Ⅰ. ①别… Ⅱ. ①李…②杨… Ⅲ. ①工作方法－通俗读物 Ⅳ. ①B026－49

中国版本图书馆 CIP 数据核字(2012)第 251113 号

出版发行 中国言实出版社

地　址：北京市朝阳区北苑路 180 号加利大厦 5 号楼 105 室

邮　编：100101

电　话：64966714(发行部)　51147960(邮　购)

64924853(总编室)　64963106(编辑中心)

网　址：www.zgyscbs.cn

E-mail：zgyscbs@263.net

经　　销 新华书店

印　　刷 北京世纪雨田印刷有限公司

版　　次 2013 年 1 月第 1 版　2013 年 1 月第 1 次印刷

规　　格 710 毫米×1000 毫米　1/16　12.5 印张

字　　数 177 千字

定　　价 32.00 元　ISBN 978-7-5171-0013-3

前言

每个员工都必须做出这样的选择:“被”工作还是掌控工作。“被”工作的人整天忙碌不停,却收效甚微;掌控工作的人一切得心应手,凡事尽在掌控之中。

你是不是还在每天都为忙不完的工作而烦恼,为了改变命运而奔走,休闲和享受的时间越来越少,积压的工作越来越多?你是不是经常忙得焦头烂额,看着日程表上那些未完成的以及将要面对的工作而愁眉不展?在职场中,这样的人并不少见。他们被工作追赶得心力交瘁,每天的工作总是从烦恼开始,忙碌得已经近乎疯狂,甚至成为了一种病态。

这些人并不懒惰,他们忙忙碌碌、加班加点,十分敬业却总是收效甚微,在对“上司有眼无珠”的抱怨中虚度年华,到头来仍旧是两手空空。这些人有错吗?当然有!企业需要盈利,需要的是骄人的成绩而不是精彩的过程。换句话说,过程再精彩,没有成果一切都毫无意义。因此,只有那些懂得在更少的时间内完成更多工作的员工,才能在激烈的职场竞争里生存,才能从被工作追赶的状态中逃离,轻松驾驭自己的工作,获得事业的成功。

不要再闷头苦干了,要知道“苦干不如巧干”,你需要做的是为自己寻找一套行之有效的方法,将精力花在点子上,把时间花在刀刃上。闷头做事,动手不动脑只能让工作越干越乱,白白浪费掉许多时间。

我们常挂嘴边的“天道酬勤”有时候并不那么管用。许多看起来并不那么勤奋的人却往往更轻松地完成了工作,更快速地实现了理想,更容易地取得了成功。他们从来不用将工作带回家里去做,也不用牺牲自己的休息时间来处理工作,做的是同样繁琐的工作,他们却总能在更短的时间内将工作很好地完成。他们不被动,不急躁,不莽撞,不气馁,他们乐在工作，从容不迫。不要再以“大忙人”自居而得意洋洋了，有效果，能成事儿，才是关键！

人生如白驹过隙，从被动的状态中挣脱吧，做个善于掌控工作的人，把握工作内容的重点，抓住时间管理的核心；从复杂的事物中寻找最简单直接的方法，让目标变得更近；即使头脑灵活也不要自以为是，善于向他人求助是一种高深的智慧；经验固然重要但不要迷信权威，能够解决问题的方法便是最有效的；选择比勤奋更为重要，弃卒保车的取舍在所难免；工作最需要的是成绩，过程必须行之有效，要知道职场功劳胜苦劳；积极上进也需保持一颗平常之心，对自己、对工作不气馁、不苛求；成为工作的知己，懂得工作的意义所在，在工作的同时享受工作的乐趣！

本书语言朴实生动，结合职场案例，力图为职场员工提供一套简单有效的驾驭工作之法，在提高员工工作效率的同时传达一种主动掌控工作的卓越理念，是员工逃离“被工作追赶”状态的最佳引导。你还在被工作追赶着往前跑吗，从现在开始改变你的状态，做回工作的主人吧！

目 录
Contents

第一章 掌控你的工作：别让工作追着自己跑

“今日事今日毕”从我们的小学课本就开始出现，但自从进入职场，很多人就发现工作总是很难“今日毕”。未完成的工作就这样一天天地堆积下来，他们觉得越来越累，越来越难以掌控。这是一种很危险的信号，只有主动掌控住了自己的工作，不让工作追着跑，才能运筹帷幄，果断出击，变被动为主动，赢得职场的成功。

第二章 合理安排时间：让自己走在工作的前面

有人说：“人一生中两种最大的财富就是才华和时间。才华是可以创造的，时间也是可以掌握的。”才华是我们行走职场必备的储蓄，而时间则让人与人之间的差距越来越大——有人越来越忙却收效甚微，有人清闲自在却成绩显著。

第三章 懂得抓重点：忙要忙到点子上

"忙"似乎已经成为了现代职场人的常态：忙于开会，忙于工作，忙于应酬……总之，他们总是忙得不可开交，总有做不完的事情。整日的忙碌让职场人士大呼"辛苦"，然而，这不是工作的错，也并非企业的错，错只错在你不懂得抓住重点，没有忙到点子上。

第四章 从简才能减压：寻找最简单的工作方式

老子曰："天下难事必作于易，天下大事必作于细。千里之行，始于足下。"这些话在工作中同样适用，要想有效而快速地完成自己的工作，就必须一切"从简"：将"复杂"的工作简明化，想清楚了再行动，做好当下的工作，并且一次只做一件事情，久而久之，工作便会产生质的飞跃。

第五章 自以为是不可取：求借他人的智慧

合作是当今社会的一种必然趋势，特别是对于职场人士来说，与他人合作更是比知识和能力都要重要。不管你具不具备开拓者的条件，也不管你的能力是否强过他人，都不妨以合作者的姿态来前行，这既是提升自己能力的

需要，也是更快完成工作的最佳方式。

第六章 把工作做到位：用对的方法来做事

常言道："差之毫厘，谬以千里。"同样，在工作中重要的不是你做了多少事，而是你做对了多少事。员工只有把工作做到位，才能提高自己的工作效率，才能获得更多的发展机会，才能把握工作的主动权，才能在自己的职业生涯中获得成功。

第七章 弃卒保车的智慧：选择比勤奋更重要

人生是一个选择的过程，工作也是如此。努力，是事业腾飞的金钥匙，但比努力更重要的，却是始于足下的方向选择。通往成功的道路或许有千万条，但生命永远是单行线，我们不可能推翻结局重新来过，能做的只有走好每一步棋，做好每一次选择。

第八章 工作要行之有效：头脑勤胜过手脚勤

员工不只是被管理者，更应是管理者，因为决定自己工作绩效的不是领导也不是同事，而是自己。从工作本身来说，也只有懂得用脑子来思考，用“心”来工作的员工，让工作行之有效，提高自己的工作效率，把握工作的主动权。

第九章 不钻牛角尖：凡事没有尽善尽美

“金无足赤，人无完人。”凡事不苛求自己是一种良好的生活态度，更是一种积极的工作态度。而一些人却总是在追求完美，总是渴望做出毫无瑕疵的成绩。殊不知这样的后果只能是浪费更多的时间和精力，结果反而没能做好任何事情。

第十章 工作着，享受着：重新看待你的工作

很多人之所以觉得工作痛苦，只是因为他们内心将之视为了一种惩罚，于是每天都在承受着漫长而痛苦的煎熬；有些人觉得工作轻松而快活，因为他们热爱自己所做的一切，视其为一种享受，于是，生命就像是一支悠扬而动

听的歌谣。重拾你工作的热情吧，你会发现，工作是一种享受，而不是漫长无望的苦役！

附　录

第一章

掌控你的工作:别让工作追着自己跑

“今日事今日毕”从我们的小学课本就开始出现,但自从进入职场,很多人就发现工作总是很难“今日毕”。未完成的工作就这样一天天地堆积下来,他们觉得越来越累,越来越难以掌控。这是一种很危险的信号,只有主动掌控住了自己的工作,不让工作追着跑,才能运筹帷幄,果断出击,变被动为主动,赢得职场的成功。

1 做工作的主人而非奴隶

很多人总是在抱怨老板太精明——自己一天到晚忙个不停，手中的工作还没干完又给自己指派新的工作。你是否也经常这么觉得，甚至感觉自己力不从心，只有被工作追着跑的份儿？

有些员工在工作中计划性不强，到哪算哪。上班时来什么活就干什么，领导让干什么就干什么，没有计划性，换句话说，就是主动思考和工作的意识不强。很多人认为这样不能成为一个优秀的管理者或领导者，但至少算是一个优秀的执行者，其实不然。即使你只是一名普通员工，若总是无计划地行动，不主动去工作的话，工作起来就会很吃力，可能会连胜任都算不上，又谈何优秀？

也有相当一部分员工，主观上想成为工作的主人，但行动上却总扮演着奴隶的角色。这些人会经常制订自己的计划，在无人打扰的时候执行得还可以，但一遇到干扰就会将计划丢到脑后。领导的吩咐、上级的文件、同事的打扰、突发的事件，都可能成为他们高效地完成工作的"绊脚石"，在不知不觉中沦为工作的奴隶。不过他们一般自我感觉仍然良好，觉得只要忙忙碌碌、一刻不停，那就是对得起自己的工资了，领导也无话可说。但这样做，工作上又能有什么起色呢？进步飞快、成绩显著的员工，永远是那些主动工作、掌控工作的人。

作为资深的德鲁克管理研究实务专家及其管理哲学思想权威代言人，詹文明几乎已经成为主动工作的代表。在詹文明看来，多工作，主动工作不仅是让计划内工作按时完成的保证，同

时这也是一件非常荣耀的事情。他说："假设你的领导一天到晚丢工作给你，那么这其中一定有两个原因，第一个是你太轻松了，所以他将工作丢给你；第二个是你的能力太强了，到你前面就消化掉了、就看不见工作了，当然也要将工作丢给你。但是怎么样把这种被动化为主动呢？很少人像我这样做，主动跟老板要求工作，什么意思呢？一大早我就在门口等他，我说老板今天有什么工作给我做。我自己该做的昨天晚上就做完了，我需要新的任务。"

这样的状况让老板大吃一惊。这哪有员工主动要求工作的呢，大部分员工都是选择逃避，看到老板来赶快拐弯，而詹文明却是在门口等他。所以，当詹文明要离开那个公司的时候，老板掉泪了。

这样的员工到哪里去找呢？詹文明除了工作以外，还会把整个公司里的包括盆栽、所有的洗手间，以及边边角角的地方都擦拭得干干净净，不是自己的工作他也做，因为没有人做他就做。而且做这些事情他从来不告诉别人，而是等到下班以后才开始做。

有一天，老板问："谁在偷做我们的工作？把我们的办公室弄得这么干净？"詹文明说："我不知道啊！"老板笑着说："你还装傻，你还装傻，是你做的。我们都有录像的。"

詹文明说："每一个人的工作态度跟工作心态，其实不太一样。我当时会有这么好的心态，是因为我觉得，工作对我来讲是一种乐趣，而且主动工作了你就是主人而不是工作的奴隶，这样我总会在工作中找到乐趣，而不是痛苦。"

是的，主动工作的人往往更容易把握工作的主动权，也更容易从工作中找到成就感和幸福感。成功的机会不会白白降临到你我的身上，只有那些主动做事、主动工作的人才能获得更多的机会。但遗憾的是，意识到这一点的人并不多，大多数人早已养成了拖延、懒惰的习惯。

两个年轻的大学毕业生张明和刘克力同时应聘到一家五星级酒店工作。起初，他们以为终于有了光明的前途，两人都非常兴奋。然而，当报到后经理开始分配工作时，他俩却傻眼了——

酒店安排他们去打扫楼道。

面对经理这一出人意料的安排，李明愤愤不平，一直不断地埋怨酒店和经理，虽然工作也干了，但却总是带着怒气在干，所以干得无精打采，有气没力。每天踩着点儿来上班，到了下班时间就赶紧回家休息。但刘克力却大不相同，虽然他也为经理的安排感到不解，怎么说自己也是酒店管理专业的高才生，怎么也不至于干天天扫楼道这样不需要任何知识和技能的活。要真这样的话，纯粹是浪费人才了。他相信经理这样安排一定是有道理的，一定是给新员工的考验。那么抱怨什么呢？好好干吧，把自己的第一份工作干到最好才是最重要的。

很快，三个月过去了，由于李明的懒散，经理交代的工作他总是不能按时完成，终于被经理解聘。经理说："你只管相信这点好了，一个准点上班、准点下班的人绝不会把全部心思扑在工作上，也不会是与公司同呼吸共命运的人。"又过了一个月，刘克力被经理任命为客房部主管。

主动工作不仅是员工按时完成工作的前提，也是升职加薪的基础。杰克态度消极、工作懒散拖沓，因此工作干不好不说还因此被解聘。汤姆却时时注意不让消极情绪影响自己，保持积极肯干的工作状态主动将工作完成，最终得到了提拔。

做工作的主人而不是奴隶，几乎每个人都有这样的想法，只是如何成为"工作的主人"呢？

(1)比上班时间早到公司

提前半小时到公司，说明你十分重视这份工作。而且，每天提前到达公司，可以更好地对自己这一天的工作做个规划。当别人还在考虑当天该做什么时，你就已经开始了自己一天的工作。这样，你在一开始就已经走在了别人的前面！

(2)完成计划内任务再离开

千万不要给自己一个不负责任的理由。在你没有完成任务的时候逃离办公室，这样容易耽误公司的总体计划，也会影响你明天的工作安排。做事拖沓的人，往往比执行力强的人进步缓慢得多。

(3)利用下班时间去学习

当你觉得工作起来有些吃力,或是想进一步提高自己的时候,就是你该学习的时候了。现在大多数公司都属于开放型的公司,一般都会容许员工在下班之后继续留在公司,这样,你正好可以把这段时间用来学习公司的各种产品知识、运营流程等,这对你的将来是很有帮助的。

(4)保持主动积极的工作态度

对待工作的态度在很大程度上决定着我们如何感知所在的环境。同时,它会形成一种心理定式,会影响我们如何看待所从事的事业。因此,要想在自己的事业上有所成就,就必须坚持积极的工作态度。

积极是一个人向上的表现,积极也是任何企业都提倡的一种工作作风。唯有积极的行动才能带来积极的成果,它要求我们能够察言观色,积极配合主管的工作,能够考虑得远一点,思想先行动起来,多动脑子,勤动脑子,工作闲暇之余,多思考一些与工作有关的事情,多做一些工作计划。

主动积极的工作态度表现在工作上,就是勇于承担责任,有强烈的工作责任感、端正的工作态度。树立爱岗敬业精神,干一行,爱一行,钻一行,树立良好的职业道德、培养良好的职业素质,要认真地对待自己的工作,做到全力以赴。如此一来,当然只会是你掌控工作,而绝不是工作掌控你。

你积极主动,工作就会被你拉着飞奔;你消极被动,工作就会不停地追着你跑,直到把你逼得气喘吁吁,逼得山穷水尽,逼得不堪重负,最终逼得你失去了工作的乐趣,让你一事无成,虚度一生。所以,每一个员工都要学会做工作的主人,学会积极主动地拉着工作跑,而不是被工作追着跑,学会时时刻刻做工作的主人而非奴隶,你的未来才会有希望,你的工作才会有成绩。

2

不从众,找准适合自己的工作方式

要主动掌控工作就不能从众,不能踩着与他人同样的步伐前进。倘若工作方式不适合自己反而会让工作的进度变得越来越慢,自己最终被积压的工作拖垮。从现在开始,提高你的工作技能,掌握正确的适合自己的工作方法,这样才能摆脱被动的工作状态。所以,避开自己的弱点,强化自己的优点,找到最适合自己能力的工作方式,才是掌控工作的好方法。

没有人是全能的,成功的人只是比他人更懂得强化自己的优点并管理好自己的缺点。

盖洛普公司是全球知名的民意测验和商业调查咨询公司,在对全球四百余家跨国公司、超过 8 万名职业经理人进行调查后,将世界顶级管理者与众不同的优势管理思维总结为:“一招鲜,吃遍天。”这种优势管理思维认为:没有人是全能的,成功的人只是比他人更懂得强化自己的优点并管理好自己的缺点,即扬长不一定补短,重在管理和利用好自己的优势。一个善于掌控工作主动权的职场人,必须结合这一点来挖掘自身的潜力。

这从许多杰出公司招聘人才的方略中可以清晰地看到这一理念——尽其所长避其所短。比如微软,他们招聘员工时不要求面面俱到的全才,但一定要是有所专长的专才甚至“偏”才。但是微软以及这些员工本身,都懂得将其自身的优势最大化,“人尽其用”,发挥最大效益。每个人优势最大化为企业带来了最佳效益,也为个人奠定了成功的基础。

我们没有必要想方设法企图把自己的弱点转化成优势,我们为弥补弱点而忙碌,远不及为了优势而忙碌所获得的认可和回报多。这就好比

玩扑克牌,能让我们赢牌的,其实是我们手中的王牌。在职场中,能让我们脱颖而出的,同样是我们手中的王牌——我们独特的优势。工程师不识简谱,或者画家背不全九九表,那又何妨呢?

世界排名第一的高尔夫运动员泰格·伍兹早在孩童时期就表现出了非凡的高尔夫天赋,他3岁时就击出了9洞48杆的成绩;5岁时就上了《高尔夫文摘》杂志;18岁成为了最年轻的美国业余比赛冠军。1999年年末,他的排名上升为世界第一。2005年,高尔夫球王者尼克劳斯泪别英国公开赛宣布退役之后,伍兹更是成了当今世界高尔夫球界无可争辩的王者。

多年来,泰格·伍兹在高尔夫球场上叱咤风云,集世界体坛首富、高尔夫球世界头号球星于一身,但实际上他在沙地上的表现并不好。按照我们多数人"什么弱就补什么"的观念,他和他的教练理应花大力气提高其在沙地上打球的技能。然而,出乎意料的是,伍兹和他的教练却采取了全然相反的策略——在练习时,他们只花很少的时间在这一弱项上,好让他在沙地上的成绩提升到一般水准,不致拖太多后腿,而将其他所有的练习时间全都投入到伍兹的拿手好戏上,让他的优势更加凸显。

无论是"老虎"伍兹还是微软的精英们,无疑都是众多人眼中的成功者,但如果他们只是不停地弥补自己的不足,而不是将个人优势最大化,相信都不会有今日的这一番成就。

因此,要掌控工作,我们应当结合自身的实际情况,以自己最有优势、最可能获得成功的方向为目标,按自己的方式努力。否则,一旦选择错误,即使比他人花费更多的气力和时间,也可能毫无成就,反而会被别人远远抛在最后。

2011年,盖洛普公司再次对全球63个国家的170万名工作者展开了一项调查。询问这些工作者的问题是:"在每天的工作中,你是否有机会做你最擅长的事情?"结果只有20%的人回答"有",而且当员工待在公司的时间越长、职位越高,回答"有"的比例就越低。

其中80%的员工觉得没有发挥自己专长,最直接的原因正是自身进行的长期的错误假设:只要通过学习,每个人都可以胜任很多事；每个人的弱点才是个人成长空间最大的地方。为此，我们中的大多数人总是不断地投入自己的时间和精力，希望将自己的弱点提升为优势。最终，少数人确实成功了，但大部分人却并没达到理想的效果，甚至与实际情况正好背道而驰，因为他们把时间都花费在了弥补自己的弱点上，反而使得自己的优势变得不那么明显。

其实，每个人所拥有的优势与才能才是最独特的，每个人的优点才是自己成长空间最大的地方。人之所以成功，不是因为他改正了每一个缺点，而是因为他最大限度地发挥了自己的优点。而对于职场员工来说，要把握工作的主动权首要的也是懂得经营自己的长处，掌握适合自己的工作方式。

因此，最好最快地完成工作的方式就是找准适合自己的工作方式，而不是盲目从众，跟着别人学样。每天花一点精力来管理自己的弱点，使弱点不至于成为前进途中的绊脚石，这样就可以将绝大部分的精力放在加强自身的优点上来，使自己的优势变得更加明显；在此基础上再根据自己的优势来制定最可能实现的目标，这样的忙碌就会变得卓有成效，工作自然尽在掌握之中，就不会再被工作追着跑了。

3 培养积极心态，绝不拖延

歌德曾说：“犹豫不决的人，永远找不到最好的答案，因为机遇会在你犹豫的片刻失掉。”泰戈尔也说：“有些事情是不能等待的，假如你必须战斗或者在商场上取得最有利的地位，你就不能不冲锋、奔跑或大步前进。”确实，无论你有什么目标或是梦想，千万不要犹豫不决，而要积极行动起

来。先下手的通常会是最大的赢家，拖延不定的人则往往会变得十分被动，甚至因此失去自己最宝贵的东西。

从前有一位国王，他做事喜欢拖延，有一次他收到了一封潜伏在敌国的间谍发回来的紧急情报，但他没有把情报拆开，而是随手放在桌子上，心想："明天再处理吧！"第二天，吃早餐时，他看见了那封紧急情报，就说："有什么大不了的事呢？等会再说吧！"接着先让仆人为他斟上一杯香醇的美酒，喝完之后，他才慢慢地拆开信件。看完后，他立刻跳了起来，原来信上说："国王的仆人中有间谍，他接到了毒杀国王的命令。"国王想召集侍卫，可惜已经太晚了，鲜血从他的嘴角流了下来，他刚才喝的正是毒酒。

在今天的职场，很多人也跟故事中的国王一样，做事习惯拖延，不能马上去做，甚至在工作中遇到问题的时候，总是想着逃避。通常这样的人最终会被他人超越，即使他原本是一个比别人优秀的人。

我们生活在一个问题无处不在的职场环境里，每天都会面临着这样那样的问题：外部的如市场不景气，竞争太激烈，顾客太挑剔等；内部的如领导不支持、同事不配合、制度不健全、流程不完善……如果我们的关注点是抱怨，是指责，是找各种各样的原因为自己开脱，是对工作抱一种消极的态度，懒散、拖延、怠工，那我们就永远与提升自我无缘，职场发展也就更是无从谈起了。只有那些主动积极、想到就做，绝不拖延一分钟的人，才最有可能把工作做好，得到老板的青睐，受到公司的重用。

张小姐大学毕业后去一家公司应聘秘书的职位，后来她在为数众多的应聘者中脱颖而出，成功坐上了总经理秘书的位置。但她做好的绝不仅仅是本职工作而已，在她得知老总患有一种慢性病，严重时甚至会影响工作后，便格外留心，想帮助老总解除病痛的困扰。

一天，她在上班路上发现一家大药店打出了广告，正好有一种可以治老总病的特效药，于是赶紧下车将药买下。没想到这一耽搁，让从不迟到的她，晚到了20分钟。

正巧那天早上老总急着找她要资料，于是对她的迟到很不客气地训斥了一通。那一瞬间，她很委屈，想要为自己的迟到做出解释，但转念一想：准时上班是公司的规定，有什么理由不遵守呢？于是赶紧道歉，一如往常地处理业务。下班时，她悄悄地将药放到老总的桌上，准备离开时被老总发现了。老总看到了桌上的药，一下子反应了过来，对自己早上的言行很内疚，并问张小姐："你为什么不早说呢？"她只是诚恳地说："您对我的批评是对的，准时上班是每个员工都应该遵守的规定。无论出于什么理由，我都不能找任何借口。"老总不禁对她刮目相看。

不久后，又发生了一件事。一天，老总请客户吃饭，叫她陪同并记录谈话要点。没想到结账时，老总竟然发现自己没带钱包，而她带的钱也不够。这下脸可丢大了，老总只好临时打电话叫一位部门经理赶过来结账，耽误了近一个小时。这次老总没有批评她，但是她却无法心安。她觉得作为秘书的自己，没有尽到应尽的责任。她一刻也没有耽搁连夜写了一封检讨书，第二天一早交给老总，同时主动提出罚自己500元。此举大大出乎老总意料，但她说："这不是简单地向您道歉，而是从工作标准来要求自己。在这件事中，我想我有两个失误：一是出门时，应该提醒一下您是否带了钱；二是自己预备一些钱，以免您疏忽。秘书的工作虽然琐碎，但是如果缺乏责任心，一出问题就可能是大问题。这次失误虽然没有造成什么大的损失，但是如果我放任自己，以后还有可能在工作中犯更大的错误，假如不惩罚，怎么能更好地吸取教训呢？"老总大为感动，于是收下了这500元罚金，从此也给了她更多的信任和机会。

还有一次，公司要与海外机构进行战略合作，有关主管人员都觉得没有问题，老总也准备签字了。但是，她却在反复研究中发现对方提供的合作条款中，隐藏着很大的问题。她立即提醒老总，暂停签字，再仔细调查一下。老总高度重视，果然发现了问题。她的这一把关举措，帮公司避免了一次巨大的损失。

于是，张小姐不仅受到老总的器重，也得到同事们的认可，并不断得到提拔——三年之后，这位才24岁的大学毕业生，成了该集团一家分公司的总经理。

遇事主动找方法，对待工作积极主动、绝不拖延的人必然是最快完成

工作的人,也是发展最好的人,他们绝不会被工作追着跑。相反,那些遇事不断找借口、工作拖拉的人,每天都会挣扎在工作的重压之下,一件还没完成另一件又压来,工作永远完不成,每天都处在被工作追着跑的境地必然是最没有发展的人!

拖延时间是一种最常见的工作习惯。许多人总是习惯把事情拖到“最后一分钟”才去做,认为这样可以逼自己集中精力,最大限度地提高自己的工作效率。殊不知这样只会将工作越积越多,让自己总是处在工作的重压之下,被工作追着跑,疲惫不堪却毫无成绩。这实在是得不偿失的一件事情。

工作中,有很多稍纵即逝的机会摆在我们面前,能否抓住这些机会,不仅取决于是否有敏锐的洞察力,是否善于吸纳别人的建议,而且还取决于是否能立刻去做、决不拖延地去付诸行动。如果连本职的工作都拖拖拉拉,不能及时高效地完成,再多的机会也会被你的拖拉毁掉。所以,要想在工作中有所成就,就必须要把拖延这一恶习连根拔除。

那么,对于员工而言,要怎样才能把拖延的恶习连根拔除呢?下面的方法不妨一试:

(1)有效地管理时间

找出什么样的日程工具是最适合我们自己的,并且为我们每天要做的事情设定清晰的先后顺序。在头脑中对上面的这些问题要有一个认识,要组织我们每一天的工作,以处理拖延问题,这样每天结束的时候,就知道明天开始的是崭新的旅程,而不是忙于去解决那些今天不想做的事情!

(2)找到工作的动力后,立即行动起来

我们往往因为做一件事情没有动力而拖拖拉拉。也就是说,我们做这项任务时付出的代价似乎高于做完之后得到的好处。应付这个问题的最佳办法是从你的目标与理想的角度分析这个任务。如果你有个重大目标,你就比较容易拿出干劲去完成有助于你达到目标的任务。

(3)摸清自己一天中的最佳工作时间

人在一天中的精力就像大海的潮水一样,有高潮也有低潮。只是因每个人生理素质的不同,高低潮的时间有很大差异。有的人早晨精力最充沛,有的人晚上能动性最高。我们要留心摸清自己的精力涨落规律,把一天中最重要的事情放在最佳的工作时间里去处理,而把一些较简单的事情放在其他时间处理。

(4)用好习惯取代拖沓的坏习惯

许多人的拖沓已经成了习惯。对于这些人,要完成一项任务的一切理由都不足以使他们放弃这个消极的工作模式。如果你有这个毛病,就要重新训练自己,用好习惯取代拖沓的坏习惯。每当你发现自己又有拖沓的倾向时,静下心来想一想确定你的行动方向,然后再给自己提一个问题:"我最快能在什么时候完成这个任务?"定出一个最后期限,然后努力遵守。渐渐地,你的工作模式会发生变化。

如果你能经常性地用上面的方法来改善你的工作,养成立即去做的习惯,你的工作效率将会大大提高,工作绝不会再追着你跑,而是你拉着工作,向着成功的前路飞奔。

4 磨刀不误砍柴工

有的人被工作追着跑,其实是自己能力有限,不足以驾驭工作。但很少有人愿意停下脚步,为自己充一充电,加一加油。他们害怕在竞争如此激烈的现代职场停下来,因为觉得,一停下来,就会被抛弃,就会被淘汰。其实这种想法很没有道理。俗话说:"磨刀不误砍柴工。"学习、加油,为的是使工作能力更强,更能得心应手,轻松驾驭工作,而不是被工作驾驭。

很多人之所以老是被工作追着跑、老是在工作的后面被工作拉着走,而不是推着工作走,其中一个很重要的原因就是能力不够,不能迅速高效地把工作处理好。别人十分钟能完成的工作,他可能需要整个上午,那么同样的工作量,别人可以轻松搞定,他就只能被工作拖着走。所以,提高

自己的能力，是不被工作追着跑的有效方法。

“物竞天择，适者生存”一直都是自然界中的生存法则，就好比羚羊要想获得生存，就必须跑得比狮子快；狮子要想不被饿死，就必须跑得比羚羊快，无论是羚羊还是狮子，它们每天早晨起来的第一件事，就是奔跑！因为不断提高自己的奔跑速度才是它们的生存之道。稍有懈怠，就必然被吃掉或是被饿死。这其实和我们非常相似——你努力飞奔，不断提高自己，拉着工作跑就能冲在前面，做出成绩，得到赏识；你能力不够，又不求上进，只被工作追着跑，就必然会成为工作的奴隶，成为领导的弃子，成为职场的失败者，甚至被无情地淘汰。

可见追求上进，努力学习，不断提高自己，让自己的能力更强、更大，可以轻轻松松地拉着工作向前跑，这正是职场获胜的秘诀之一。但在个人的职业生涯发展过程中，通常我们认为掌控工作的权力在企业手中，作为职场一员的我们，只能默默地期望能有更多的“伯乐”来发现我们这匹“千里马”。反过来讲，如果得不到晋升与提拔的机会，很多职员就会发出“千里马常有，而伯乐不常有”致使“英雄无用武之地”之类的感叹，摆出一副无辜受害的可怜相来安慰自己。

其实不然，现在大多数的企业都引进了考核机制，对员工的工作业绩、工作态度及素质能力全方位进行评估，所谓“赛马识能，相马识德”，目的就是要尽量真实、客观地去评价每一个人。而任何一个企业，都不会亏待一个真正优秀的能主动掌控工作的人才。因此，与其自怜自叹，不如行动起来，使自己成为一匹真正的“千里马”。

“磨刀不误砍柴工。”在竞争如此激烈的职场，优胜劣汰是不变的铁律。因此，在工作中，永远不要停留在表面的安稳，得过且过，这是一个非常危险的信号！只有不断提升自己的工作水平，才能更快更好地解决问题，变被动为主动，拉着工作跑而不是被工作追着跑。那些满足于现状，止步不前，不思进取的人，终归逃脱不了被淘汰的命运。

李云峰曾经是一家大型企业的首席信息官，在其成为首席信息官之前，他工作非常卖命，因做出出色的成绩而受到老板的重用，工作第二年便被提拔为首席信息官。之后，他的生活品质有了很大的提升：薪水比以前丰厚了不说，还有了公司专门为他配置的房子、车子。享受着这一切的李云峰，工作积极性一落千丈，每天将更多的精力放在了享乐而非工作上。

当朋友问他今后还有什么追求时，李云峰回答道："我对现状感到很满足，如今在公司中我已经达到我能达到的顶点了。"在李云峰看来，公司的CEO是董事长的侄子，自己想要取而代之根本不可能，所以能坐上首席信息官的位置已经是达到他事业的巅峰了。

在李云峰担任首席信息官的一年内，他在工作中没有任何建树。朋友善意地提醒他："你应该做出点业绩来，没有业绩对你来说是危险的。"

但李云峰对于朋友的话不以为意，竟然说："我是公司的功臣，而且这家公司离不开我李云峰，老板不会把我怎么样的！"他甚至在心里对自己说："丰厚的薪水永远属于我，车子永远属于我，房子永远属于我，没有人能够夺去，因为没有人能够代替我。"

之后李云峰依然如故，终于有一天，一份辞退通知送到了他的面前。这对李云峰来说简直如晴天霹雳，但最后还是不得不接受这个残酷的现实，因为就在他被辞退的当天，公司已经找好了接替他职务的人。

李云峰自认为是公司的功臣，是公司的顶梁柱，没有人可以取代他。然而事实证明他想错了，天底下有才的人多得很，公司离了他照样发展，甚至可能发展得更好。

三天不学习，就被赶下去。在当今知识更新速度飞快的时代，离开了学习，迟早会被淘汰的。未来社会的竞争，必将逐渐从知识竞争转向学习能力的竞争。

据调查，现今一个人一年的信息接收量相当于17世纪英国一个农场主17年的阅读量的总和。人们要应对千变万化的世界，就必须努力做到活到老、学到老，要有终身学习的态度。何况现代社会的知识寿命大为缩短，知识淘汰的速度正在逐渐加快，过去所学习的知识，会很快过时。一个人如果不及时更新自己的知识，很快就会进入所谓的"知识半衰期"，很快就会被淘汰。据统计，当今世界九成以上的知识是近三十年产生的，知识半衰期只有五至七年。人的能力就像蓄电池一样，会随着时间而逐渐

流失,所以人们的知识需要不断“加油”、“充电”,不及时“充电”很快就会在现代社会中失去能量。所以,在信息技术高度发达的知识经济时代,人类唯有把学校教育延长为终身的学习才能适应社会发展的要求。

终身学习,讲的是人一生都要学习。从幼年、少年、青年、中年一直到老年,学习将伴随人的整个生命历程并影响人一生的发展。简言之,就是“活到老,学到老”。职场就是一场生死之拼,跑得快的才能把握机会,赢得最后的胜利!

甲和乙一起去森林里游玩,突然,从树林深处窜出了一只大老虎,虎视眈眈地看着两人。

两人顿时吓傻了眼,一愣过后,甲赶紧从背后取下一双更轻便的运动鞋换上。乙急得后背直出汗,看到甲的举动十分不解,骂道:“你干嘛呢,这时候还换什么鞋啊,你鞋再好也跑不过老虎啊!”甲转身说道:“我是跑不过老虎,但我至少得比你跑得快啊。”

职场环境就是那只吃人的老虎,你一旦落后,就很有可能被吞掉,连生存的机会都没有,更不用说发展。其实,不管是现代还是古代,也不管是职场还是生活,武装好自己,让自己变得更强都是让自己走向成功的发展之本。

有很多员工虽然已意识到了不断“充电”、“加油”的重要性,却总是被各种各样的琐事牵绊,如为了晋升,为了应酬,为了表现得好一点,为了给领导留下个好印象……他们认为,这些事更重要,更值得他们花大量的工夫,如果花时间去学习,只会耽误了自己的前程,错过了自己的机会。这样的想法其实是相当幼稚的。“磨刀不误砍柴工”,通过学习提高自己,只会让自己更加突出、能力更强、机会更多、发展得更好、更快,怎么会耽误自己?

有一个工人在一个伐木厂找到了一份不错的工作。他决定认真做好这份工作,好好表现。上班第一天,老板给了他一把斧子,让他到人工种植林里去砍树,这个工人卖力地干了起来。一天时间,他不停地挥舞着斧子,一共砍倒了19棵大树。老板满意极了,夸他干得不错。工人听了很兴奋,决定工作要更加卖力,以感谢老板对他的赏识。

第二天,工人拼命工作,他的腿站久了又酸又疼,胳膊更是累得抬不起来了，可是这样拼命，却并没有带来更好的结果。他觉得自己比第一天还要累，用的力还要大，可第二天却只砍倒了16 棵树。

工人想也许我还不够卖力，如果我的成绩一直下降，老板一定会以为我在偷懒，所以我要更加卖力才行。第三天，工人投入了双倍的热情去工作，直到把自己累得再也动不了了为止。可是，让他失望的是，他只砍倒了 12 棵树。

工人是个很诚实的人，他觉得太惭愧了，拿着老板给的高薪，工作却越来越差劲。他主动去向老板道歉，说明了自己的工作情况，并检讨说："我真是太没用了，越卖力干得越少。"老板问他："你多久磨一次斧子？"工人一听愣住了，他说："我把所有的时间都花在砍树上了，哪里有时间去磨斧子啊？"

没有时间磨斧子，就只能被工作拖着走。如果能抽出时间磨一下斧子，他的成绩就不会是向下掉，而是向上升了。所以，别只顾着砍树，而忘记了磨斧头，这样只会让我们的效率降低，让我们工作落后，被工作追着跑而无能为力。一旦磨快了你的斧头，局面就会大为改观了。磨刀不误砍柴工，学习也不会误了你的晋升，只会让你晋升更快，升得更高。

这就是你胜任工作、高效工作，拉着工作飞奔而不是被工作拖着跑的秘诀，也是职场的获胜法宝。时刻牢记"磨刀不误砍柴工"的道理，不断修炼和提升自己，你便能成为职场的主人。

5 成功偏爱主动工作的人

在任何一个组织里，制度都不可能把所有的事情界定清楚，在工作

中，我们也经常会遇到制度并没有界定或明确的事情，这种情况通常发生在公共职责区域或职责盲区内。然而，这些事情倘若没有完成，又会拖慢整个工作的进度，致使工作不能及时完成。

网络上曾经有一则名为“穷人最缺什么”的故事，故事中的巴拉昂是一个靠推销装饰肖像画起家，不到10年的时间就迅速跻身于法国50大富翁之列的商人。他在临终前，留下了一份遗嘱，以100万法郎为奖金，奖给揭开“穷人最缺什么”这个题目答案的人。然而，在48561封答案的信里，只有一名叫蒂勒的小姑娘猜对了巴拉昂的谜底——穷人最缺少成为富人的“野心”。

这种“野心”在职场中就是积极上进的“企图心”，是人们对任何事情都秉持“皆有可能”的理念，即使遇到困难也敢于挑战与尝试，从而找到成功的机会。

确实，穷人缺的不只是钱，更缺乏重要的正确观念。在富人的字典里，没有“不可能”三个字，越是不可能成功的事，对他们来说越值得去征服，他们会绞尽脑汁去想办法，把别人看来“不可能”的事情变成“完全可能”。要成为工作的主人，需要的正是这样的一种敢于向上的闯劲。

有一位从名牌大学毕业的年轻人，去一家很知名的报社应聘，因为是科班出身，加上能力不错，形象也很上镜，所以很顺利地被录取了。

但是，不久，他的一个很不好的毛病就显露出来了，那就是做事不够认真，遇到困难总喜欢找借口推卸自己的责任；上班经常迟到不说，和同事一起出去采访时也经常丢三落四。为此，他的上司找他谈了好几回，但他总是不放在心上，下次继续丢三落四。

一天，报社特别忙，突然有位热心观众打电话说在一个地方有特大新闻发生，请他们派记者前去采访。当时报社的其他记者都出去了，只剩下那位年轻人，不得已，报社领导只好派他单独前去采访。可是没过多久，他就回来了。领导问他采访的情况怎么样，他却说路上太堵了，等他赶到事发地点时，事情已经接近尾声了，并且已经有别的新闻单位在采访，所以认为留下来也采访不到有重要价值的新闻。

领导听了他的话很是生气，说："交通堵塞你不知道想别的办法吗？为什么别的记者能赶到你却赶不到？"

年轻人面对领导的批评，依然在那儿争辩："路上交通真的很堵嘛，再说我对那里又不是很熟悉，背上还背着那么重的采访器材………"

领导一听心里更来气了，心想："我要你去采访，你不但没完成任务，还给我找这么多的借口，那以后怎么让你工作呢。"于是对年轻人说："既然这样，那你另谋高就好了，我不想看到我的员工不但没有完成我交代下去的任务，还用一大堆的借口来回复我。对于报社来说，我们需要的是那些接到任务后，不管任务有多么艰巨，都能想方设法把任务完成，并且还比其他人做得更好的员工。"

在职场中，也存在不少像年轻人这样的员工，他们在工作出现问题的时候，不是积极主动地想办法加以解决，而是千方百计地找借口推脱，这样工作一拖再拖，最终沦为末流员工，而等待他们的只能是公司的淘汰。

积极主动的员工做事情，情况则完全不同，他们会成为企业最受欢迎的员工，也是晋升最快的员工，最容易成功的员工。

高中毕业后，钟俊进了深圳一家代工厂，从事流水线工作。这个工厂的流水线操作员有两千多人，而他就像是沧海之一粟。

每天，他按点刷卡上下班，上班时间安安心心地做好自己的流水线任务并尽量超额完成。两个月过去了，钟俊居然被组长和课长联合推荐，前去竞聘公司内部的文书工作。更令人称奇的是，仅仅工作了两个月的他居然竞聘成功了！此后，钟俊不像以前流水线作业时那么忙碌了，完成工作之余，他利用一些空闲时间来读书，还学习企业管理课程。拿到本科文凭后，他又很快顺利地被提升为经理助理。

这一切怎么会进展得如此顺利呢，很多人觉得钟俊一定在厂里有后台。其实不然。原来当年竞聘文书成功的原因，除了组长和课长赞赏他一丝不苟的工作态度外，还有他根本不以为然的"举手之劳"。在车间食堂的窗口打饭时，前一个人打的时候，后一个人就将碗摆在窗口上等。每次，钟俊打完饭后，总是

顺便往前挪一下那个排在后面的碗，以方便打饭师傅。做完这一切后，他常常友好地冲后面的人笑笑。有一次，协理就排在他身后，感受到了这位普通员工的善意。当公司选调员工晋升文员的时候，协理一眼就看到了钟俊那张笑容盎然的脸，于是立即拍板定下了他。用协理的话说："连打饭都能主动为他人提供帮助的人难道还不会给我好好工作吗，这样的员工我不要，我还上哪儿找优秀员工！"

成功永远偏爱积极主动的人。因为即便真的到了山穷水尽之时，只要你还愿意积极主动地想办法，最终就会有办法，就还是会拦下即将远离的成功，把成功抓在手中。

美国鼎鼎有名的女律师詹妮芙·帕克小姐曾打赢了一场别人都认为不可能赢的官司。

当时，一位名叫康妮的小姐被美国"全国汽车公司"制造的一辆卡车撞倒，导致康妮小姐被迫截除了四肢，骨盆也被碾碎。但是在法庭上，康妮小姐说不清楚自己是在冰上滑倒摔入车下，还是被卡车卷入车下，对方的辩护律师马格雷先生则巧妙地利用了各种"证据"，推翻了当时几名目击者的证词，康妮小姐因此而败诉。

深感绝望的康妮小姐向詹妮芙·帕克求援，詹妮芙对康妮小姐的遭遇深表同情，于是决定为她讨回公道。之后她调查了"全国汽车公司"近 5 年来的 15 起车祸，结果发现事故发生的原因完全相同，该汽车的制动系统有问题：紧急刹车的时候，车子的后轮会打转，以至于把受害者卷入车底。

于是，詹妮芙找到对方的辩护律师马格雷说："卡车的制动装置有问题，你故意隐瞒了此事。我希望汽车公司拿出 200 万美元给康妮小姐作为赔偿，否则我们将会提出控告。"

马格雷是一名非常有经验的律师，他听了詹妮芙的话并没有反驳，而是说："好吧，不过，我明天要去伦敦，一个星期之后才能回来，到时候我们再来研究一下，看看具体怎么做。"

可是一个星期过去了，马格雷却没有露面，詹妮芙对此感到奇怪，她翻看了日历，才恍然大悟，原来诉讼时效已经到期了。

詹妮芙几乎被气疯了，心里直骂马格雷卑鄙，也责怪自己为什么没有注意诉讼时效呢，尤其当她从秘书口中得知案卷至少得花三四个小时才能准备好时，她更是急得团团转，因为时间根本来不及。正当其他人劝她想开点时，她并没有放弃希望，而是极力开动脑筋想办法。忽然，她想起“全国汽车公司”在美国各地都有分公司，何不利用时差把起诉的地点向西移呢？隔一个时区就差一个小时啊！最后詹妮芙决定在夏威夷起诉，这样就有整整五个小时的时间准备。

由于赢得了时间，法庭上，詹妮芙以雄辩的事实，催人泪下的语言，使陪审团的成员们大为感动。最后，陪审团一致裁决：康妮小姐胜诉，“全国汽车公司”赔偿康妮小姐600万美元损失费。

本来一场在别人看来不可能赢的官司，却被詹妮芙打赢了，而且赢得非常漂亮。她靠的就是主动解决问题的韧劲。试想一下，如果当时她也跟别人一样，都认为时间来不及了，而选择放弃，那么她就正好中了马格雷的圈套。所以，在工作中遇到问题，不要轻言放弃，而应该坚持主动的原则：主动去解决问题，才是完成手中工作的最佳方法，才能远离工作的重压，才能拉着工作飞奔，让成功如期而至。

卜胜和杨华同是一家公司的设计师，因为交易会的来临，他们都接到了新的工作内容，就是分别为两家著名企业的展位进行设计，但标准比以往更为严格。

看完客户要求后，卜胜不由得抱怨说：“客户提的要求简直就是‘不可能完成的任务’。”心想：反正这样的任务大概没有人能完成，自己也不必浪费过多的精力在这上面，只要尽力而为便可。于是，他在以往的展位标准上稍作了些改动。当客户看了卜胜的初稿后，大失所望，并明确表示他们会再换一家设计公司。这样的结果让老板不由得斥责了卜胜一顿，但卜胜辩解道：“这个设计本来就很难，客户不满意我也没办法啊！”

而杨华接到案子以后，同样也感到了一定的压力，风格不同于以往，又没有往例可以参考，这无疑是一项很有挑战性的高难度工作。杨华虽然感到有些为难，但同时也有些高兴，心想：这

次的工作任务对于自己来说正是一个非常好的锻炼机会,一定要好好把握。为了获取新的灵感,他付出了大量的心血,最后设计出来的展位美轮美奂,让客户和老板都十分满意,也因此受到了嘉奖,当同事问他成功的秘诀时,他平静地回答说:“我不过是看到困难没有退缩,主动将之解决罢了!”

成功学家拿破仑·希尔视积极的心态为成功的黄金法则。他说:“人与人之间只有很小的差别,但这很小的差别却造成了巨大的差距,很小的差别是积极主动的还是消极被动的,巨大的差距是成功与失败。”可见,是否积极主动是决定一个人成败的关键因素之一,积极主动就会促进成功,消极被动就会失败;积极主动帮助你主动掌控工作,消极被动只能让你在工作中变得被动沮丧。

做一个积极主动的人吧!凡事主动去解决,你就能成为工作的主宰者。这样,你才能永远跑在工作的前面,成功在等待你,因为成功偏爱主动工作的人!

第二章

合理安排时间:让自己走在工作的前面

有人说:“人一生中两种最大的财富就是才华和时间。才华是可以创造的,时间也是可以掌握的。”才华是我们行走职场必备的储蓄,而时间则让人与人之间的差距越来越大——有人越来越忙却收效甚微,有人清闲自在却成绩显著。

1

抓住时间管理的核心

对于职场人士来说，抓住时间管理的核心，就是掌控工作的最高秘诀。

很多人总在抱怨工作太忙没时间，其实，没有时间的罪魁祸首不是工作太忙，恰恰是时间太多。要想成为优秀员工，首先必须学会挤时间。与一个小时相比，一分钟看似微不足道，但细细地算一笔时间账，你会发现，每天多挤出一分钟，累积起来就是一段不短的时间，足够我们成就不凡的人生。被工作追着跑还是拉着工作跑，在很大程度上就取决于你挤时间的能力。

有这样一句话："把任务安排给最忙的人。"这句话不无道理。对时间掌控得好的人知道何时开始工作，何时停下手中的活儿，但很多人不会掌控时间，因而总觉得自己忙得不可开交。合理地安排时间，你的时间就会成倍地增加，时间利用效率也会成倍地提高。其实如果你懂得了这个道理，你就能轻松地从时间的陷阱中跳出来，把工作做得风生水起。

对于那些一周需要工作 7 天、每天忙碌 15 个小时的人来说，认识到这样一个道理尤为重要。

小波，大学毕业后，在离家较远的一家外企找到了一份满意的工作。刚开始，他除正常工作外，每天都要因为上下班而不得不在公共汽车上"挥霍"掉三个小时的时间。

小波对这三个小时非常心疼，因为除工作外，领导还要求他加强英语学习，试用期结束后，英语水平将作为"转正"考核的一

项内容。“这三个小时要是拿来专攻英语，英语水平一定能提高不少。”可事实上领导是不会另外派给你三个小时的，这如何是好？小波为尽快解决这个问题，找主管商量，希望能分给他一间自费的临时宿舍，主管没有批准，只是说了一句：“你知道吗？美国著名策划家丹尼尔有很多成功的策划就是在巴士上完成的。”

一句极为简单的话，却给小波带来了不小的震动。他向主管鞠了一躬说：“谢谢您的提醒！”显然，他已经知道自己应该怎么做了。在后来的日子里，小波一日不落地在兜里揣着一本小本子，而原来每天在公共汽车上被他称为“垃圾”的三个小时，由此变成了他学英语的“黄金”时间。六个月后，他终于如愿以偿地通过了试用期，并获得了企业颁给的“珍惜时间”奖。在考评会发言时，小波深有感触地说：“我的时间是从公共汽车上偷来的，是在平常时间挤出来的。”

鲁迅先生有一个经典的比喻：“时间就像海绵里的水一样，只要愿挤总是有的。”所以，知道如何挤时间，如何规划时间，如何合理地利用时间，正是时间管理的核心和关键。培根的话言简意赅：合理安排时间，就等于节约时间。管理好了时间，就意味着管理好了一切，把握好了成功的方向。

法国思想家伏尔泰曾出过一个意味深长的谜语：“世界上哪样东西最长又是最短的，最快又是最慢的，最能分割又是最广大的，最容易被忽视又是最值得惋惜的？没有它，什么事情都做不成，它使一切的东西归于消灭，使一切伟大的东西生命不绝。”它就是时间，世间最平凡而又最宝贵的是时间。如果你不懂得珍惜、不懂得合理利用，就不仅做不好工作，总被工作困住，而且也不会有成就，只会浪费生命，留下无尽的遗憾。

深夜，一个病人迎来了他生命的最后一分钟，死神如期来到了他的身边。在此之前，死神的形象在他脑海中几次闪过。他对死神说：“再给我一分钟好吗？”死神回答：“你要一分钟干什么？”他说：“我想利用这一分钟看一看天，看一看地。我想利用这一分钟想一想我的朋友和我的亲人。如果运气好的话，我还可以看到一朵绽开的花。”

死神说：“你的想法不错，但我不能答应。已经留了足够的时间让你去欣赏，你却没有像现在这样去珍惜。你看一下这份账单：在60年的生命中，你有1/3的时间在睡觉，剩下的30多年里你经常拖延时间；曾经感叹时间过得太慢的次数达到了10000次，平均每天一次。上学时，你拖延完成家庭作业；成人后，你抽烟、喝酒、看电视，虚度光阴。”

“我把你的时间明细账罗列如下：做事拖延的时间从青年到老年共耗去了36500个小时折合1520天。做事有头无尾、马马虎虎，使得事情要不断地重做，浪费了300多天。因为无所事事，你经常发呆，你经常埋怨、责怪别人，找借口、找理由、推卸责任；在工作时间里，你和同事侃大山，把工作丢到了一旁，你还和无聊的人煲电话粥；你参加了无数次无所用心、懒散昏睡的会议，这使你睡眠时间远远超出了20年；你也组织了许多类似的无聊会议，使更多的人和你一样睡眠超标，还有……”

说到这里，这个病人断了气。死神叹了口气说：“唉，我说话时的这一分钟如果你也能利用起来，你所有的愿望就都可以实现了啊！”

在我们每个人出生时，世界送给我们最好的礼物就是时间。不论对穷人还是富人，这份礼物是如此公平：一天24小时，我们每一个人都用它来经营自己的生命。善于管理时间的人，把一分钟变成两分钟，一小时变成两小时，一天变成两天，在有限的时间内做更多的工作，当然就不会被工作追着跑，只会带着工作一路向前飞奔，并最终换来成功。而不懂得管理时间的人，则只能任光阴虚度，等待死神的到来，度过平庸的一生。

如果细细追究的话，我们被工作追着跑，也许与我们的能力有关，与我们的工作太多有关，但更多的其实还是我们没有很好地规划时间、管理时间。久而久之，总被工作追着跑，不仅会使我们疲惫不堪，更会使我们连自信也失去。

王小姐从小就有做事拖拉的毛病，工作之后也不见改进。她现在在一家外企做秘书，每天的工作又多又繁杂，常常埋在一堆事务中理不出头绪。新任务一件接着一件压下来，她一会儿做做这个，一会儿干干那个，每件事情都只做到一半，结果每件事情都没有完成好。更加让人头疼的是，老板交代给的任务，她

常常拖到最后一刻才开始做,完全不给自己宽裕的时间,也不考虑意外情况的出现。因此很多次任务都因为一些意外的原因而无法按时完成。王小姐在忙乱之中对自己的能力产生了严重的怀疑。

在当今社会,随着技术水平的提高,时间的重要性越发凸显。做事拖拉,分不清轻重缓急,很容易导致工作延误。因此,能否有效地运用时间,成为能否有所成就和成就大小的关键所在。

时间管理的最终目标就是将可以使用的时间投入到最有益处、最有成就的行动中,以期得到更大的回报。究竟应该如何来认识时间管理,对其持怎样的态度呢?

首先,对手头的工作做一个轻重缓急的排序,按照紧急重要、紧急非重要、重要非紧急、非重要非紧急的序列排一下,你就会很清楚应该先做什么,再做什么。

善于为时间立预算、做规划,是管理时间的重要战略,是时间运筹的第一步。"凡事预则立,不预则废。"可以说,时间管理的第一大关键是设立明确的目标。目标是管理时间的先导和根据,如果目标不明确,就没有办法做时间规划。你应以明确的目标为轴心,对自己的一生做出规划。为了能掌握时间,你可以根据自己的目标安排十年的长期计划、三年或五年的中期计划,甚至月或周执行的短期计划。短期计划是一种独特的工具,它是意义和行动之间的桥梁,使热切的理想能扎根于现实世界之中。

在每个人生命的长河里,都涌着分分秒秒的光阴的波浪,它们稍纵即逝,能把你推向成功的彼岸,也会把你引向暗礁和险滩。所以,不要小瞧短期计划的重要性。

为了更有效地利用时间,应该把手头要做的事情进行分析。根据你的人生目标,你就可以把所要做的事情制定一个顺序,有助于你实现目标的,把它放在前面,依次排列,并把它记在一张纸上,就成了时间表。养成这样一个良好习惯,会使你每做一件事情,就向你的目标靠近一步。

其次,每天上班前做一张工作计划表,把当天需要完成的事情列出来,做完一项划掉一项,当天需要完成的不要推到第二天,加班也要逼自己完成,这样就会使自己的工作思路很清晰,不会一团忙乱毫无头绪。

第三,任何目标的达成都会受到人、物、财三种资源的限制,因此要客观地找出这些限制因素,并寻求不同的突破方法,以避免理想成为梦想,时间白白虚度。并且重要的东西需要的时候如果找不到,不仅会误事,还会给别人做事无序的印象。因此,在平常的工作中,放东西要有序是一个不错的方法。比如把各类文档、办公用品等编好序号,并放在专门的地方,免得花时间找,

第四,必须对时间管理的效果进行定期性的评估。你要经常检查某一短期目标是否如期完成。可以记工作日志,或将完成每件事所花的时间记录下来,以便清楚地了解目标计划的超前与落后,各种未曾预测到的限制发生的可能性因素,以重新调整或改进,使整个时间的安排贴近实际。

成功与成就往往来自于科学地安排时间,要让工作得心应手,不被工作追着跑,同样需要我们对时间作出合理的安排。一定要树立合理利用时间的观念,做一个管理时间的高手。只有懂得了如何管理和规划时间,才能把工作安排得井井有条,把事情做得有条不紊,成为高效率的优秀员工。

2 把时间花在刀刃上

巴尔扎克说:“从个人的角度看,一个人拥有最大的财富就是时间。”没有时间,计划再完美,目标再远大,能力再卓越,也是空的。但公平的是,时间对于任何人都是一样的。所以,会利用时间的人,能把时间花在刀刃上的人,才是最会工作最容易取得职场成功的员工。

加拿大联合航运公司董事长凯特·赵就是一个善用时间的人。8岁时,凯特·赵跟随母亲移民英国。为了适应环境,她每

天晚上都坚持和父亲进行英语交流，在父亲的提问下默写单词，有时还在早上起床后大声朗诵英语文章。到16岁时，她不仅讲得一口流利的英语，学业也相当优秀，最终成了加拿大联合航运公司董事长。

现代商业社会的竞争越来越激烈，无论从事什么样的职业，也无论职位的高低，人们普遍感到工作压力大，时间不够用，身体疲劳，效率下降。实际上，问题往往不是时间不够用，而是我们不能充分有效地利用时间。如果能够掌握有效的时间管理技巧，不仅可以消除工作带来的心理焦虑和身体压力，也可以大大提高工作效率。

最可悲的人，不是软弱无能的人，不是穷困潦倒的人，不是一事无成的人，而是不懂得利用时间的人。如今，时间管理能力已经成为企业评价员工的重要准则，得到了越来越多人的重视。

要把时间用在刀刃上，首先也是最重要的一点，就是在最佳状态办最难和最重要的工作，这将会使你的工作效率在无形之中得到提高。生物学家的研究表明，人和其他生物的生理活动都有明显的时间规律，人的智力、体力和情感都显现出一种周期性的变化。一个善于管理自己时间的人，应该是一个能找出自己在一天中，什么时间工作效率最高，并能充分利用这段时间来处理最重要和最复杂的工作，而把精力稍差的时间，用来处理例行公事的人。只要你坚持下去，很快就能脱颖而出。

其实，无论我们的工作多么繁忙，行程安排得多么紧凑，只要督促自己，一定可以挤出很多时间，做许多事情，这就是工作中时间管理的艺术。

老师在桌子上放了一个罐子，然后装满鹅卵石，他问学生们："这罐子是不是满的？"

"是！"学生们回答。

老师又拿出一袋碎石子，从罐口倒进去，问："这罐子现在是不是满的？"

学生沉默。

老师又从桌下拿出一袋沙子倒进罐子里，再问学生："这个罐子满了吗？"

"好像满了。"同学回答。

老师又从桌底下拿出一大瓶水，把水倒在看起来已经填满了的罐子里……

很多时候,时间也和这个罐子一样,看似满了,什么事都安排不了了,但是只要你学会先做重要的事、重大的事,再做细碎的小事,你一样可以挤出很多的时间来,做很多的事情。

我们常常能听到这样的抱怨:"我这么努力地工作,甚至忙得连喝水、上厕所的时间都没有,为什么我还是不能完成自己的工作?"这是因为他们偷懒吗?是因为他们笨吗?都不是,这主要是因为他们没有利用好自己的时间,没有把时间用在刀刃上。那么怎样才能把时间用在刀刃上呢?

(1)预算你的时间

成功的关键在于预算你的时间和资源。许多成功人士之所以能够成功就在于很好地利用了工作时间(人生的 1/3 时间),甚至经常把另外 2/3的时间也利用起来,人生就是利用个人的时间资源来谋求成功。

规划决定命运,有什么样的规划就有什么样的人生。我们的时间非常有限,越早预算你的时间,规划你的人生,你就越早成功。

(2)绝不拖延时间

拖延的代价实在是太大了,莎士比亚有句名言:"放弃时间的人,时间也会放弃他"。若是时间放弃你,后果不堪设想。养成拖延的恶习,终将一事无成。

(3)不必每件事都去做

"忙活了一天,到了晚上,觉得好像什么也没干。""总觉得时间不够用,恨不得把自己分成两个人。""工作总是完不成,做梦都是做工作,每天失眠,没法放松。"这样的话似乎每天都能听到,我们不难发现,很多人的时间安排是杂乱无序的,完全不知道什么时间该做什么,什么时候不该做什么。做事眉毛胡子一把抓,结果什么也没做好。其实只要放弃一些不值得做的事情,情况就能大为改观。

(4)养成专注的习惯

贪多求快是许多人的心理表现之一,这种心理表现在做事风格上就是多件事情齐头并进,或是在还未处理完旧的事情时,又着手处理新发生的事件,也就是说做事情不够专注。养成专注的习惯是提高时间利用率的秘诀之一。它包含几种行为模式,一是一次处理一件事,二是避免分心。三是 100%完成,坚持一鼓作气,尽量不停顿,不中断,直到全部

完成。

(5)加快速度

时间管理学家艾伦·拉肯指出:“快速的节奏是成功者的基本要求。”多数时间使用率高的人都是行动迅速的人,当他们发现机会时,会立刻采取行动,抓住机会,快速地向目标前进,所以成功的概率自然比一般人高。

(6)先做重要的事情

一切以要事为先,全力以赴完成最重要的任务才是真正把时间用在了刀刃上,才能真正把工作完成好,不被工作追着跑,更不被任务压得气喘吁吁。工作一般分为三类:急件,必须马上办;优先件,尽量去办;普通件,有空去办。只有把主要时间花在重要的事情上,抓住最关键的工作,才能有效地提高时间的利用率。此外,很多人快到下班时就心不在焉了。其实,下班前的10分钟是一天的“黄金时间”,用好了,不仅能让今天的工作画上一个圆满的句号,还能为你第二天的工作做一个好的铺垫。比如,整理办公桌和备忘录,检查工作表,拟定第二天的工作计划,只要你能坚持下去,你就能成为一个井井有条的人。

(7)日事日清

今天的事必须今天就做完,绝不拖延到明天,这是提高时间利用率的最简单有效的办法。正如日本效率专家桑名一央所说:“昨天已是无效的支票,而明天是预约的支票,只有今天才是货币,只有此时此刻才具有流动性。”

多数人宁可做令人愉快或方便的事,也不愿按事情的轻重缓急来处理。没有比按重要性办事更能有效利用时间了。试用这个方法一个月,就会收到令人惊讶的效果。当然,会有人问:“我们从哪里腾出那么多精力和时间?”事实上,我们并没有腾出精力和时间,只是学会了把精力用在了最需要的地方,把时间用在了刀刃上。

3

凡事宜早不宜迟

当工作刚刚分配下来，我们信心满满地接受它，在毫无压力和紧迫感的情况下完成，可以享受到工作的充实感，但是拖延使其成为噩梦，所以务必在开始时就当机立断。因为机会稍纵即逝，一旦错过，就会生出无限麻烦，影响我们工作的进度，使工作一拖再拖，最终逃脱不了被工作追着跑的命运。

田蓉看到同期一起进来的小宇加了薪，她心里很是不悦，她们俩负责的工作一样，从资历和表现上说她们确实应该有加薪的机会，她也听说小宇曾经为加薪找老板谈过话。最初她还想着找机会和老板沟通，但总觉得不是最佳时机一直未能采取行动，心里总认为自己受到不公平待遇的她开始消极怠工，不配合其他同事，每天不停地抱怨和发牢骚，半年后小宇因为工作出色升职成为主管，而她不得不继续忍受“不公平的待遇”，按道理来说，如果田蓉采取和小宇一样的方式向老板提出申请，她也可以获得加薪的机会，然而她不但没有采取积极正面的行动，而且还做了一些破坏性的事情，不但工资不见涨，连升职机会也错失掉了。

对于一些不能立刻着手或者不知道如何下手的工作，很多人的做法是想很久，掂量很久，又把它放回去。这是我们未能对工作的本身进行清楚的判断和分析，或者说我们还没有找到有效的资源和支持来帮忙解决。很多人都有过这样的抱怨：“这工作真让人头痛。”试想，如果工作可以很轻松地解决，不需要人的任何思考和作为，那么显然也无法凸显我们工作的价值和意义所在。当工作让人头痛时，记住永远不要把它放回去，而是要立即着手解决，宜早不宜迟，因为越迟你只会越被动，越难以想到好的

解决办法，并最终被遗留下来的工作拖垮。

某公司的领导要赴海外公干，且要在一个国际会议上发表演说。他身边的几位要员忙得头昏眼花，要把领导的各种需要的资料准备好。在出发的那天，各部门主管都来送行，有人问其中一位助理“你负责的文件打好了么？”

对方睁着惺忪的眼睛说：“我今早只睡了3个小时，实在熬不住睡了，老板不是要乘飞机么，我等他上飞机以后，打完再用邮件发送过去就可以了。”谁知，不一会，领导就问这位助理“你负责的文件呢？”助理就回答了之前的想法。领导闻言，脸色大变：“你这是怎么回事？我打算利用飞机上的时间，与同行的人研究一下自己的报告的，你怎么自作主张？”此刻这位助理脑袋一片空白。

要想成为成功的时间管理者，不要畏难，不要苟安，应该竭力避免拖延的习惯，就像避免罪恶的引诱一样。假使你发觉自己有了拖延的倾向，你应该迅速行动，不管事情如何困难，都要立刻动手去做。这样久而久之，你自能消灭拖延的倾向。要想成功地管理时间，就应该将盗去你的时间、潜力、机会与自由的拖延当作你最可怕的敌人。因为一不小心，它就会毁掉你的一切。

美国成功学家格林在演讲时，曾不止一次地对听众开玩笑说，全球最大的航空速递公司联邦快递（FedEx）其实是他构想的。

格林没说假话，他的确曾做过这样的设想。20世纪60年代，格林在全美为公司做中介工作，每天都在为如何将文件在限定时间内送往其他城市而苦恼。当时，格林曾经想到，如果有人开办一个公司，能够提供将重要文件在24小时之内送达任何目的地的服务，该有多好！

这想法在他脑海中停留了好几年，他也经常和其他人谈起这个构想，遗憾的是，他没有采取行动。但一个名叫弗列德·史密斯的家伙（联邦快递的创始人），却没有像格林一样只想不做，而是把它转换为了实实在在的行动，因而他成功了。

凡事宜早不宜迟，因为时间就是金钱，时间就是财富，时间就是机会。

早一点你就早获得金钱，早一点你就早获得财富，早一点就早一些获得成功的机会。如果拖拖拉拉，也许你和别人一样把工作完成得尽善尽美了，但巨大的荣耀和成功却已经不属于你了。

贝尔在发明电话的时候，另外一个叫做格雷的人也在研究。两个人同时取得了突破，但是，就因为贝尔比格雷申请专利早了两个小时，结果贝尔赢了。当然他们两个人当时并不知道和认识对方，但是贝尔就因为这120分钟而一举成名，誉满天下，同时也获得了巨大的财富，而格雷呢？却很少有人知道。

所以，你看，早与迟，哪怕只是120分钟，两人的人生就产生了天壤之别。所以，凡事宜早不宜迟。

特别是对于日常工作，更是早干比迟干好上千百倍。早干早完成，便有充足的检查和修正的时间，可以把工作做得尽善尽美。所以，我们要把工作做在前面，而不是老被工作追赶着，一刻不得安生。

时间对任何人、任何事都是一样的。它可以被毫无顾忌地浪费，也可以被争分夺秒地利用。只有学会早动手、早完成，高效地利用时间，才能一直走在工作的前面。因为时间就是金钱，就是财富，耽误了时间，就必然会受到损失。

荣恩是一家小书店的店主，他是一个十分爱惜时间的人。

一次，一位客人在他的书店里选书，逗留了一个小时才指着一本书问店员："这本书多少钱？"店员看看书的标价说："1美元。"

"什么？这么一本薄薄的小册子，要1美元！"那个客人惊呼起来，"能不能便宜一点，打个折吧！"

"对不起，先生，这本书就要1美元，没办法再打折了。"店员回答。

那个客人拿着书爱不释手，可还是觉得书太贵，于是问道："请问荣恩先生在店里吗？""在，他在后面的办公室里忙着呢，你有什么事吗？"店员奇怪地看着那个客人。客人说："我想见一见荣恩先生。"在客人的坚持下，店员只好把荣恩先生叫了出来。

那位客人再次问："请问荣恩先生，这本书的最低价格是多少钱？""1.5美元。"荣恩先生斩钉截铁地回答。

“什么？1.5 美元！我没有听错吧，可是刚才你的店员明明说是 1 美元。”客人诧异地问道。

“没错，先生，刚才是 1 美元，但是你耽误了我的时间，这个损失远远大于 1 美元。”荣恩毫不犹豫地说。

那个客人一脸尴尬的表情。为了尽快结束这场谈话，他再次问道：“好吧，那么你现在最后一次告诉我这本书的最低价格吧。”

“2 美元。”荣恩面不改色地回答。

“天哪！你这做的是什么生意，刚才你明明说是 1.5 美元。”

“是的，”荣恩依旧保持着冷静的表情，“刚才你耽误了我一点时间，而现在你耽误了我更多的时间。因此我被耽误的工作价值也在增加，远远不止 2 美元。”

那位客人再也说不出话来，他默默地拿出钱放在了柜台上，拿起书离开了书店。

只有真正懂得时间珍贵的人，才会每时每刻都爱惜时间，不拖不拉，凡事早做，因而才能永远走在时间的前面，走在工作的前面，不会被工作追着跑。

4 把每天当成最后一天

很多人不把时间当回事儿，不珍惜时间，也不愿去规划时间，安排时间，最主要的原因是他们认为时间多得数不清，还有无穷无尽的时光等着他们，所以一切都来得及，一切都不着急，殊不知，那些被拖延的、被忽略的、被浪费的时光，都是我们宝贵生命的一部分。只有切实珍惜每一分每一秒，我们才能收获美好的人生。

其实成功的人都非常珍惜自己的时间。他们全身心投入工作，从来都不和别人无谓地闲聊，他们希望在这有限的时间里将手中急需处理的事情处理好。毫不夸张地说，面对工作，他们甚至是把每一天都当成生命中最后一天过的。因为他们比谁都明白时间的珍贵，比谁都害怕虚度每一分钟。

刚子与王麟同在一个单位上班。这天周末，两人相约同去郊游。不幸的是，两人乘坐的大巴却在途中翻车。

刚子只是轻伤，而同事王麟却从此离开了这个世界。目睹了身边的朋友惨死，作为幸存者，刚子总是想："假如撞死的是我呢？如果明天我就会死，我该怎么做？"

出院后的刚子继续回到了原单位上班，却变得与以往不同了，平常总爱晚到早退的他开始早到晚退，上班时间也不再找人闲聊或是玩游戏，而是认真地干手中的活儿。他说："我的一生不能就这么悄无声息地度过，即使明天就会离开这个世界，我也要让今天过得无悔。"

人不能决定自己生命的长度，但是可以决定自己生命的深度和宽度。对死亡的思考能拓展我们对未来的想象力和洞察力，而不是裹足于当前的无知和愚昧中。

将每天都当做生命之中最后一天来过，才能对自己所做的每件事赋予完全不同的意义，这个观念曾深深地影响了最富创意的天才、苹果 CEO 史蒂夫·乔布斯，他在斯坦福大学毕业典礼上演讲时曾说过这样一段话："当我十七岁时，我读到一则格言，好像是'把每一天都当成生命中的最后一天，你就会轻松自在。'这对我影响深远，在过去 33 年里，我每天早上都会照镜子，自问：'如果今天是此生最后一日，我今天要干些什么？'"每当他连续太多天都得到一个"没事做"的答案时，他就知道他必须有所改变了。

职场中的你是不是觉得一天 24 小时不够用，电脑上永远有邮件没回、有待办事项要完成？是不是觉得有那么多事情等着你，总是一件事情做了一半，又有另一件事情出现？是不是觉得永远需要加班，总是忙得焦

头烂额,总是没有时间好好享受生活?

意识到时间是匮乏的,人们才会加倍珍惜它,否则人们仍然会无视它的存在和价值。自然的匮乏,比如石油和煤炭资源日益缺少,人类是可以克服或者适应的,但对时间的匮乏性人类是难以攻克的,只有真正意识到时间的匮乏,我们才能真正认识到这一生中所要做的事,从而理性地规划自己的每一天,高效利用每一分每一秒,不让自己浪费一点儿时间。

5

日清日毕,绝不让工作积压

清人文嘉在他的《今日歌》中写到:"今日复今日,今日何其少,今日又不为,此事何时了?人生百年几今日,今日不为真可惜,若言姑待明朝至,明朝又有明朝事。"古人的这番话确实有理。

王充是我国古代杰出的思想家、哲学家。他从小就特别爱学习,经常一个人坐在家里读书,不喜欢和小伙伴们一起出去玩耍。父亲见他每天都是这样,就奇怪地问:"充儿,你看小伙伴们在一起玩得多热闹啊!你怎么不去跟大家一起玩呢?"

王充一边看书,一边说:"他们不是上树逮鸟,就是爬高爬低的,我不喜欢!"

"那你喜欢什么呢?"

"我不喜欢玩,我只喜欢看书写字!"王充用稚嫩的声音说。

王充8岁那年,父亲就送他进书馆去读书。有一回,先生给学生们讲《论语》和《尚书》这两部古书,并要求学完后要背诵。后来,老师讲完了这两本书,三天后老师就让王充背诵,结果王充一字不差地背了下来。老师又惊又喜，问他："这两本书刚学完，你怎么这么快就背下来了？"王充认真地说："老师，您讲一段我就背一段，您当天讲的书，我在当天就背会了。所以，您把这两本书讲完了，我也就把它们背下来了。""当日事当日毕，真是个好孩子啊！"老师抚摸着他的头，由衷地称赞道。

因为王充学习进步快，15岁的时候，他就被送到最高学府——太学里学习。在那里，他遇到了当时著名的历史学家班彪。班老师知识渊博，讲课时，经常旁征博引，这激发了王充极大的学习兴趣，为了弄清老师课堂上所讲的东西，他常常把老师提到的书名记下来，并想方设法找来阅读。慢慢地，他把太学里的书差不多都读遍了，后来他干脆把街上的书铺当做自己的书房，不管是隆冬严寒，还是三伏酷暑，他每天都早早来到书铺，帮人家干点零活儿，然后自己读书，整天钻在里面，专心致志，孜孜不倦。有的时候，他在书铺里一站就是一整天，连吃饭、休息都忘了。就这样，他几乎读遍了街市上所有书铺里的书。

王充就是靠着"今日事今日毕"的精神，学问一天天积累起来。对于职场员工来说，只有做到日清日毕，方能击退由积压的工作带来的压力。

当今职场，竞争激烈，节奏飞快，每天都有每天的事情和任务，如果我们不能做到日事日清，常常把今天的事拖到明天，必然会使工作积压，有时哪怕只是很小的一件工作没能及时完成，也会对后续工作产生负面效应，而且这种效应的影响堪比蝴蝶效应，会层层累积，并不断被放大，及至最后，自己被工作拖垮，被压力压倒。

只有日事日毕，才能确保我们不掉进繁重工作的陷阱。

1999年7月中旬，美国洛杉矶地区的气温高达40多度，在这么热的天气里，路上行人稀少。一次，因运输公司驾驶员的原因，运往洛杉矶的海尔洗衣机零部件多放了一箱，这件事本来不影响工作，找机会调回来即可，但美国海尔贸易有限公司零部件经理丹先生不这么认为，他说："当天的日清中就定下了要调回来的内容，哪能把当日该完成的工作往后拖呢？"于是，丹先生冒着酷暑把这箱零部件及时调换了回来。

正是有了“今日事今日毕”的精神，海尔才成为了世界著名的500强企业之一，才使得海尔品牌誉满全球。

今日事今日毕，是一种积极向上的工作态度，它要求我们在工作上主动、热情、严谨、高效，克服粗心大意、东一榔头西一镢等缺点，克服拖拖拉拉、推诿扯皮等坏毛病，建立良性约束机制，养成良好行为习惯，形成良好工作作风，避开工作的重压，不让太多的工作窒息自己，压垮自己。

瑞士著名教育家裴斯泰洛齐说：“今天应做的事没有做，明天再早做也是耽误了。”优秀和卓越不是来源于激昂的豪言壮语，而是源自日常踏踏实实地做好每一个细节。要知道，明日的明日便是人生的尽头了。只争朝夕，日清日毕，养成了这样的习惯，工作就不会再是包袱。

我们每做一件事情，都需要付出一定的成本，其中，时间就是最重要的成本之一，而珍惜时间，无异于节约成本、珍爱生命。如果总是等下去，今天等明天，明天等后天，工作量还是那么多，时间却花掉了好几倍，这是得不偿失的。只有“日事日毕”，才能“日清日高”。

一个人的工作，若按照计划有条不紊地完成，就不会手忙脚乱。然而人总是有惰性的，不到火烧眉毛，总不着急，结果“明日复明日”，最后导致多项工作积压，弄得焦头烂额。在这样的情况下，想把工作做好也只是一句空话而已，最后往往为了应付检查而敷衍了事。长此以往，不仅工作没做好，自己的生活也会是一团糟。

这个世界是瞬息万变的，下一刻会发生什么没有人知道，很多没有成功的人就是因为拖延使自己丧失了一个大好机会，从那之后就停滞不前了。比尔·盖茨曾经说过：“凡是拖延应该做的事不立刻去做，而想留待将来再做的人都是弱者。凡是有力量、有能耐的人，都会在对一件事情充满兴趣、充满热忱的时候，就立刻迎头去做。”

“此生待明日，万事成蹉跎。”今天能完成的事不要留待明天，因为明天还有明天的事。如果一直将事情往后拖，那么你将再也没有时间解决旧事，一直都会背着包袱上路。阿莫斯·劳伦斯说：“成功的秘诀在于养成立即行动的好习惯，才会站在时代潮流的前列，而另一些人的习惯是一直拖延，直到时代超越了他们，结果他们就被甩到后面去了。”

所以应珍惜自己的时间，不要拖延今日事，这样才能为明天的成功增加筹码。“日事日毕”,才能“日清日高”。今天的事一定要在今天完成,因为明天还有新的事情要做。

一个人的生命有限,力量有限,但一个人所能创造的奇迹也是无限的。今日事今日毕,不为自己寻找任何借口,成功就不会离你太远。

第三章

懂得抓重点：忙要忙到点子上

“忙”似乎已经成为了现代职场人的常态：忙于开会，忙于工作，忙于应酬……总之，他们总是忙得不可开交，总有做不完的事情。整日的忙碌让职场人士大呼“辛苦”，然而，这不是工作的错，也并非企业的错，错只错在你不懂得抓住重点，没有忙到点子上。

1

明确目标，避免“羚羊思维”

人们在谈及爱迪生时总是会说，爱迪生的成功是1%的灵感加上99%的汗水。那么1%的灵感是什么呢？那就是爱迪生对即将发明的东西的设想。只有设想在头脑中形成了，人们才能通过不懈的努力去实现它。

目标是成功的旗帜，是成功的航标灯。正如一首曲子的音调决定于起首音一样，一个人的成功与否其实决定于他有没有明确的目标。目标明确，就能引领成功；失去目标或是目标不明，近在咫尺的成功也会失之交臂。

1952年7月4日清晨，美国加利福尼亚海岸笼罩在浓雾中。在海岸以西21英里的卡塔林纳岛上，一个34岁的名叫费罗伦丝·柯德威克的妇女跳入太平洋中，开始向加州海岸游去。如果成功了，她就是第一位游过这个海峡的女性。在此之前，她是从英、法两边海岸游过英吉利海峡的第一位女性。

那天早晨，雾很大，柯德威克连护送她的船都几乎看不到。时间一个钟头一个钟头过去，千千万万的人在电视屏幕前注视着她。

在这次渡海游泳中，柯德威克遇到的最大问题不是疲劳，而是刺骨的水温和在浓雾中看不清目标。15个钟头之后，她被冰冷的海水冻得浑身麻木，她知道自己不能再游了，于是就叫人拉她上船。当时，她的母亲和教练在另一条船上，他们告诉她海岸

很近了，不要放弃，但她朝加州海岸望去，除了浓雾什么也看不到。在又坚持了几十分钟之后，人们把她拉上了船，而拉她上船的地点，离加州海岸只有半英里！

当别人告诉柯德威克这个事实后，她感到很沮丧。她告诉记者，真正令她半途而废的不是疲劳，也不是寒冷，而是因为在浓雾中看不到目标。

成功真的遥不可及吗？当然不是！曾有人对半途而废的人做过一项调查，得出了这样的结果：大部分人半途而废，不是因为能力不够，而是因为看不到自己的目标，以至于失去继续努力的动力。

很多时候事情并不像我们想象的那么难，只要我们一直紧紧地盯着目标，一直不断地努力向前，再远的目标也能实现。但工作中却常常有人总是完不成既定的任务，总是把工作做得丢三落四、七零八落，其中最重要的一个原因就是“羚羊思维”毁了他们。

在非洲草原上，一群羚羊看见了一头狮子，于是就拼命奔跑。可是跑着跑着，它们却停了下来，完全忘记了为什么奔跑，而且还会转头向它们的天敌狮子走去，似乎已经忘记了它就是在几分钟以前让自己惊慌失措的动物。羚羊们的这种行为被美国心理学家考克斯称为“羚羊思维”。

有一次，考克斯和约翰一起进行了一次凌晨穿越赛伦吉提大平原的飞行。那里的景色非常优美，他们能看见大象、狮子和大群羚羊穿过整个平原。

“羚羊的数量这么大，真是一件好事啊！”当注意到他们正盯着那一大群羚羊时，非洲导游沉吟道，“否则，这个物种很快就会灭绝。”

考克斯问他为什么这么说，他笑了，然后指着一头停止奔跑的羚羊说：“你将会看到那头羚羊跑不了多远了。它们停下来不是因为意识到有什么重要的事情需要思考，也不是因为它们累了，而是因为它们太愚蠢以至于忘记了当初它们为什么要奔跑。它们发现了天敌，本能地逃开，开始向相反的方向跑。但是它们忘记了是什么促使它们奔跑，甚至有时候在最不适当的时候停下来。我曾经看见它们就停在天敌旁边，有时甚至向某个天敌走过去,似乎它们分辨不出这就是同一种在几分钟以前让自己惊慌失措的动物。它们就差冲上去说:‘嘿! 狮子先生,你饿了吗? 在找午餐吗?’如果不是有一大群羚羊的话,我想这整个种群将在几个星期之内被消灭干净。”

当时,考克斯在热气球里只是嘲笑着那些羚羊,而在这次飞行即将结束时,他发现在现实的商业世界中,他曾经见过同样的现象。

是不是有许多人有规律的举动让你想起那些羚羊呢? 他们有不错的主意,他们为自己设立了一个目标,而且为这个目标努力了一天或者仅仅半天。也许他们只是谨慎地四处溜达了40分钟罢了。40分钟以后,他们发现他们并没有达到目标。然后他们就会对自己说:“嗯,这太难了,比我想象的难多了。”接着,他们就会永远停在那里一动不动。

为了避免羚羊思维,你必须确定一个目标,然后坚持不懈地向它努力。当每天结束的时候,你必须好好总结一下,并且问自己:“距离我为自己设定的主要目标,今天我又走近了多少?”如果你对这个问题的真实答案是,今天你没有为达到目标做出什么有意义的行动,也就是说今天你停在路上,那么你必须从明天开始让自己跑起来,才能不被工作拖住。

人生在世,最可悲的事情莫过于没有生活目标和不知道如何去实现自己的目标。成功不在于你身在何处,而在于你朝着哪个方向走,并能够坚持下去。制定了明确的奋斗目标,再为了实现这个目标付出自己全部的心血和努力,这样的人生才是充实的,才是有意义的,否则你注定只能碌碌一生。对此,年轻推销员杰克深有体会。

杰克是美国一家电子产品公司的推销员,业绩一直不太乐观,所以他整天愁眉不展。一天,经理给他介绍了一个客户,并提醒他这个客户非常难缠,喜欢骂人,但最后一定会买东西。杰克听后为之一振,立刻上门推销。快下班时,杰克兴奋地回到了办公室,因为那个客人不仅买了他推销的东西,还给了他一笔大订单。经理问杰克是如何做到的,杰克回答道:“这很简单。不管他骂我什么,我总是回答:‘先生,你只是嘴巴很会抱怨,但是你一定会买我们公司这么好的产品。’如此罢了。”经理听了,哈哈大笑："杰克，你知道吗？多年来那位先生从来不理会我们的推销员，而你却做到了，你真是太厉害了！"

无论是做人还是做事，都应该有个明确的目标。没有目标，就容易迷失方向，最终浑浑噩噩度过一生。

目标能使我们产生力量和积极性。它既是努力的方向，也是行动的鞭子。制定和实现目标就像是一场比赛，随着目标一个又一个地实现，你的思维方式和工作方法就会渐渐改变。但是，需要注意的是，目标必须是具体的，可以实现的。否则，实现不了只会降低你追求目标的积极性。

有人曾经说过，"智慧就是懂得该做什么的艺术"。制定目标还有一个最大好处就是，它有助于我们安排工作和生活的轻重缓急。没有目标的鞭策和警醒，我们很容易陷入与理想无关的琐事当中。

虽然目标是有待将来实现的，但目标还能使我们有能力把握现在。为什么呢？因为要实现目标，就必须通过一连串的小任务和小步骤来一步一步现。可以说，每个重大目标的实现都是几个小目标、小步骤实现的结果。所以，当你明白现在的种种努力都是为了实现将来的目标，并集中精力做当前工作时，即便这个工作再难，你也能获得成功。

相传，古希腊塞浦路斯岛有一位年轻的王子，名叫皮格马利翁。他酷爱艺术，在雕塑艺术上很有造诣，一次他成功地塑造了一尊美丽动人的女神像，非常得意，梦想她能成为自己的妻子，于是整天含情脉脉地注视这尊神像，天长日久，痴心不改，终于感动了上帝，让女神像复活了，做了这位王子的妻子。

心理学家将王子对女神像的目标期待效应称之为"皮格马利翁效应"。后来很多心理学家的实验都证明：人的潜力是巨大的，只要树立明确的奋斗目标，并孜孜不倦地努力实施，就一定会到达希望的彼岸。的确，对很多人来说，活在世界上就是为了干一番事业。所以，目标和理想对一个人的发展具有极其重要的作用。

目标让我们的生活有了动力，让工作方法更加明晰，效率自然也会更高，不会再被工作追着跑。

2

根据轻重缓急来做事

任何事情都有轻重缓急之分。重要的事情应该优先处理，不应将其和不那么重要的事情混为一谈。面对一堆庞杂的事务时，我们可以先把它们按照“急重轻缓”的顺序整理好，再着手处理。只有分清哪些是最重要的并把它做好，我们的工作才会变得井井有条，简约有效。在工作中，许多人分不清哪个更重要，哪个更紧急。他们以为每个任务都是一样的，只要时间被忙忙碌碌地打发掉，就算完成任务了。他们在紧急但不重要的事情和重要但不紧急的事情之间经常做出不明智的抉择。这正如法国哲学家布莱斯·巴斯卡所说：“把什么放在第一位，是人们最难懂得的。”不懂得这一点，工作就会忙乱至极，却做不出好的成绩。

自从毕业以来，罗希就一直在这个公司工作，但是在最近两年里，他没有加过薪，也没有升过职，而加班却是常事。有时候想想，他的工作任务一点不比别人轻松，为什么别人可以升职加薪，他却得时刻为自己的饭碗担心呢？原来在完成工作的过程中，罗希并没有特别在意过业绩回报。只要是自己的工作任务，他都照单完成，没有任何侧重点。

有一次，上司气冲冲地找到他：“怎么搞的，这份文件有多重要，你不知道吗？”

罗希有点胆怯地解释道：“这份文件是我快下班的时候赶出来的，昨天我实在太忙了。可是，我完成得很认真啊，有什么问题吗？”

上司把文件一扔，铁青着脸说：“你的疏忽让咱们公司丢了一个大客户，你看看文件里的错别字吧。我真不明白，你每天都在忙哪些鸡毛蒜皮的小事啊，把这么重要的事放到最后的时间做！”

罗希一边认错一边解释：“我之前都在处理您特意交代的那些工作，我怕您急着用。对不起，我下次注意。”

上司挥了挥手，示意他回去工作。望着罗希的背影，他无奈地叹息道：“连哪些工作最能提升自己的业绩都糊里糊涂，我怎能放心地给你升职加薪呢！”

罗希弄不清哪些工作是重要的，哪些是不重要的，结果将时间浪费在鸡毛蒜皮的小事上。由此可见，分清工作的轻重缓急，对于迅速、高效地完成工作有多么重要。把最重要的任务安排在一天中你精力最充沛的时间里来做，既能花较少的力气，又能完成较多的工作。重视工作效率的人懂得，他们必须要完成许多工作，而且每件工作要取得一定的效果。因此，他们就会集中时间和精力把重要的事情放在前面先做。要养成把每天要做的工作排序的习惯。

把握工作主动权的第一步，就是把工作按轻重缓急排好次序。

一位大集团公司的总裁要求秘书将呈递文件放在颜色不同的公文夹中，红色的代表特急，绿色的代表要立即批阅，橘色的代表这是今天必须注意的文件，黄色的则表示必须在一周内批阅的文件，白色的表示周末时须批阅，黑色的则表示是必须他签名的文件。这种方法大大提高了办事效率。

如果你的工作塞满了那些琐碎、不重要也不紧急的事务，或者你每天都很忙，每一件事情都那么急迫，但是你不知道自己在忙什么，也没忙出什么成果……那么，你就该为自己的工作任务排排队了。分清“重要而且紧迫”、“重要而不紧迫”、“不重要但很紧迫”、“不重要也不紧迫”这几种。

要想支配工作，就要牢记“要事第一”的原则，先做重要的事情。下面一些建议也许对你有帮助：

首先，你得学会为任务设置优先级，一般来说工作中的事务可分为以下四类：紧急且十分重要的工作；紧急却不那么重要的工作；重要却不紧急的工作；不重要也不紧急的工作。例如本日的工作重点就属于第一类，而本日的工作次重点就属于第二类，本周或者本月的工作重点，属于第三类，一些可做可不做的工作就属于第四类了。

其次，不要忽略第三类工作，它往往决定着你是否加班。一般来说，第三类工作属于本周、本月或者更长时间的工作任务。它不像第一类工作那么紧急，因此常被人忽略。但是，第三类工作，可能影响着你的工作业绩和工作成果，不容忽视。

下午两点，于拓忙完了一天的工作。抬头看看本周的工作日程：后天有一个部门会议，作为优秀员工的他需要做一份工作报告；这周结束之前，他的一个客户就要下单，但是自己还没有完全将合作细节弄明白。他闭上眼，然后列出了一个计划：今天先准备合作的文件，明天四点前也准备合作文件，四点至五点准备工作报告，毕竟自己已经很擅长做那种报告了。

事情的轻重缓急不是绝对的，不要苛求事事都按其轻重缓急来做，适当地做些安排即可。有些举手之劳的紧迫小事，那就不必非得安排到后面来做，而应当及时去做，立即解决。

一天，李榆收到了一位重要客户的E－mail，但是邮件里并没有说什么重要的事情，只是表示已经收到价格表了，如果有需要会再与李榆联系。看着这封邮件，李榆心里有些嗤之以鼻："不想要直接说'NO'就行了呗。"于是，她没有立即回复。后来，上司交给她另一件更加重要的事情。于是，她忘记了回复客户的邮件。最后，那个客户找别家公司订了货。李榆错失了客户，月末业绩不够，不得不靠加班来完成。

第二个月的某天，李榆和公司里的女同事正聊得热火朝天。突然，不知哪个办公桌上响起了电话声。李榆正要起身去接，另一个女同事拉住了她："你还真爱多管闲事呢，那是XX的电话。再说了，现在也没有到上班时间啊。来，咱们接着聊。"于是，她们任凭电话在那里响，没有去管。

下班的时候，上司找到李榆，问道："看打卡记录，你今天来得挺早啊，没听到XX的电话响吗？"李榆含糊其辞，没有说什么。上司接着说："那是你的客户打来的，你忘记给他们留电话了，他们就打了XX的电话，没人接。客户投诉到总经理那去了，公司扣了你这个月的奖金。另外，你这个月的任务又没完成，赶紧吧。"李榆惭愧不已，当晚就开始加班，谁让她总是与机会擦肩而过呢。

举手之劳的事,做做也不妨碍你的工作,特别是在你空闲的时候,哪怕是帮助别人,也应当努力去做。

如果你实在分不清重要、次要工作,每天乱忙一通,不妨在工作之前先弄清楚哪些任务决定着最终成就,然后再分出轻重缓急,用心把它们做好吧!

3 从全局角度进行规划

很多人都期望能够得到足够的重视和重用,但在实际工作中却斤斤计较、患得患失,思考问题总是从自身利益出发,或从狭隘的小团体利益出发,从不肯主动承担更大的职责,这岂不是自相矛盾吗?

企业在强调的"以人为本",提倡的"主人翁"精神,实际上就是在呼唤员工对整个组织的责任感,也就是呼吁员工的大局意识。这种大局意识与个人的角色和级别关系不大,但与个人的思维方式息息相关。

如果你能够站在上一级领导的角度去思考问题,那么或许你就是接替上级的最佳人选,因为在你正式上任之前,已经站在这个职位上去思考问题,甚至承担这个职位的某些职责了。同样,如果能够经常站在公司的角度上思考问题,那么同样做一项工作,你的工作一定比其他人做得更到位,你的表现会更出色,因为你不仅仅关注自身的绩效结果,而且还关注这项工作对整个公司的价值意义。

有一个叫杨启的年轻人,是一家广告公司的员工,他的老板汪洋也是一个年轻人,为人很有亲和力,也颇有管理才能。杨启的主要工作就是帮老板拉客户,在与客户的谈判过程中,很多客户都很敬佩杨启的谈吐与修养。

杨启刚进入公司的时候，正是公司最辉煌的时候。公司上上下下都是“心往一处想、劲往一处使”，那时有个在市区主要街道安置广告牌的大项目，不仅给公司带来了相当可观的经济收益，还为当地带来了很有反响的社会效应。

但是，到发工资的时候，老板对员工说：“公司最近正在准备承担几个大项目，但是这几个大项目光是启动资金就得要几百万，所以这个月的工资就不能准时发了。等和下个月的一起发可以吗？反正工资我是绝对不会拖欠你们的，只要这几个项目做好了我们大家一起共享利润。”

听老板这么一说，大家很是满意。而这时杨启却表现出了自己的顾虑，一次与老板单独相处时，他说出了自己的想法：“我觉得现在正是资金大流动的时候，我们所有员工都应该投入进去，而不是只安排几个主要负责人，这样公司会有损失的。”而老板并没有听取杨启的意见，还是坚持自己的想法与做法。

真是祸不单行，一年之后，公司出现了危机，那些经过千辛万苦签下来的所有审批手续因资金准备不足而陷入停滞状态，严重影响到公司下一步的发展，甚至连给员工发工资的资金都没有了，转向银行借钱，却只得到没有还贷能力的答复。

而此刻杨启向老板提出从员工处集资的办法，老板没有同意，因为公司需要的是一大笔钱，员工集资根本就无法达到目的。而且员工也已经很久没有发工资了，那些很久没有得到工资的员工闯进汪洋的办公室，将办公室里面所有值钱的东西都拿走了。后来，有别的公司给出重金承诺挖杨启走，被杨启拒绝了，并对对方说：“现在公司效益的确是不好，但是我还是会坚持到最后一秒，我会尽我所能帮助公司创造价值，只要公司一天不倒闭，我就不会离开公司。”杨启的话感动了老板，也激起了老板的奋斗决心。在后来的日子里，公司虽然只剩下十几个人，但是这十几人都对公司倾注其所有的工作热情，将公司当成是自己的，觉得自己在这条船上就一定要拿出当船长的气魄，帮助老板就是帮助自己，这样公司才能从危机中走出来。最终，虽然公司的现状还是没有得到改善，但是杨启在工作上表现出的良好心

态，却让汪洋深深感动。

公司被另外一家大公司收购，在与大公司签合同的时候，汪洋对对方说："如果你确定要收购我的公司，请你一定要将杨启一起带到自己的公司，并让他担当重任。因为他是一个能做到与公司共同发展、共同进步的人，这样的员工是任何公司都不能错过的。"对方听取了汪洋的建议，并委派杨启担任公司设计总监，还补发了汪洋给杨启的那部分工资，杨启对此很感激，在新的公司里，杨启更加热爱自己的工作，也更加注意时时刻刻站在公司的立场上考虑问题，将公司的利益与自身的利益结合在一起。在新公司的地位也是越来越高。

在每个人的职业生涯中，凡事必须从大局出发，以大局为重，不顾大局就有可能出局。现实生活中，我们可以发现，很多有优秀才能的人，因为个人性格、情感中的某些缺陷，在做事的过程中，不能从大局出发，立足长远，从而铸成大错，造成严重的损失，甚至一失足成千古恨。工作中人们不难发现，有些业绩突出且自命不凡的人在公司内处境艰难，有些精明能干而过于计较得失的员工不为公司所接纳，成为匆匆穿梭于各个招聘场找工作的人。这与他们只顾着自己的工作、而不顾大局有很大的关系。

大局意识是职场上不可或缺的职业品质。优秀的员工，凡事能从大局出发，在事关大局和自身利益的问题上，能以宽广的眼界审时度势，以长远的眼光权衡利弊得失，自觉做到局部服从整体，自我服从全局，眼前服从长远，立足本职，甘于奉献。他们不会急功近利，而是把个体发展目标建立在大局发展的基础之上，以公司整体利益为重，把公司放在第一位。具备统观全局、服务大局的优良素质，被能赢得公司和老板信任，同时，还能掌握自己的工作、把握自己的事业不会被工作追得气喘吁吁。

4

集中精力做最重要的事情

如果某项工作让人觉得不舒服,那么执行的日程可能会被无限期地延迟。这一方面是因为人们不愿意面对可能不成功或者被拒绝的危险,另一方面我们总能找到理由进行自我安慰,觉得下一秒开始会更合适,无数的下一秒一直没有到来,所以工作一直处于“等等看”的状态。

对完成工作所需要的时间做出错误的评估也是无限期延迟的一个重要原因,人们往往过高地估计自己的爆发力,以为在最后的期限到来时自己会变成超人。也许他们确实可以在最后期限前完成,但是最多只能保证数量上的完成,而非质量上的保证。而“没有时间”也就成为一个绝佳的借口,因为如果有时间的话,他们一定会说“我本来可以完成得更好,但遗憾的是给我的时间太少了”。这个借口很美妙,让他们自大,又不用感到自责和愧疚。

小李是一家企业的业务代表。一天,他打电话向一些陌生的老板推销他们公司的产品:“张先生吗?您好!我姓李,今天打电话打扰您了,我是某某公司业务代表。您是成功企业家,我想向您介绍一下我们公司的……”张先生听了一半,就打断了他的话,直率地说:“对不起,李先生,我还要忙其他要紧事,并且对此不感兴趣。”说着就挂了电话。

小李放下电话,感觉很失望。他为了事业,为了挑战自我,过了片刻接着又打了电话,可是每次和客人刚讲上几句,客人就挂断电话。回到公司后,他的经理问他:“小李,你知道为什么客人不肯和你见面吗?”小李想了想说:“可能是因为我们的推销目的很明显,而且产品也一般,所以客户会有抵触情绪,因此约见客人难。这个大家都知道,我约不到,没什么稀奇的。”经理见他

这样说，就笑着对他说："这主要是你和客户在交谈的时候，没有把你推销产品这件最主要的事情在极短的时间里表达出来，并且说明你的来意。你在打电话的时候，捧场话和不要紧的话讲得太多，这样往往会适得其反。电话的作用只是方便你约见客人，告诉对方你的产品和你是做什么的，这才是主要的。"

经理为了让小李深刻地领悟到这一点，决定亲自示范如何向对方直接说明自己的意图和产品："您好，如果您能够听完我下面的话，我将表示深深的谢意！我的产品是……"电话挂断后，虽然对方没有直接答应与经理见面，但是答应过一会儿再详谈，而这就为约见创造了良好的条件。

小李恍然大悟，也用同样的方法，拿起电话就直截了当，先把最紧要的事情说出来，工作效率果然大大提高，工作一下子变得轻松多了。

可见，如果你不能抓住工作重点，即便一天到晚都在忙忙碌碌，除了疲惫和失望之外，什么都得不到。

一名倒霉的汽车公司员工为这个道理做了充分的注解。他非常勤奋，由于他的勤奋和数年来不懈的努力，终于升到了经理的位置，但是才过了三个月，他就被降了职。

事情得从他获得升职的第二天开始讲起。那一天，公司得到内部消息说有一家公司需要订购大概一百辆汽车，这是一个绝佳的好机会，其他汽车公司都还没有得到这个消息，因此，只要他适时地抓住这个机会，这份订单就是他的了。

但是这位永远抓不住工作重点的新任经理，却在为自己部门房间的布置问题而煞费心思，他似乎觉得部门房间的布置比做生意更为重要。计算机、垃圾筒该放在哪里好呢？每个不同大小的桌子该占多大的面积呢？他拿着计算尺白白浪费了三天时间。

虽然这个部门房间布置的工作完成了，但是那笔订单却被其他公司抢去了。于是他被降职，那个经理室已不属于他，他对房间布置所花的心思也算是白费了。

也许你会认为对他的处罚太重了些，其实一点也不为过。这种徒然耗费力气在无谓事物上的做法,即便称其为大错也不为过。

也许你会认为自己不会犯这样愚蠢的错误。当然,这是一个极端的例子,大部分人都会做出正确的选择。但是,你仔细想想,你在工作中有没有犯过同样性质的错误?有没有曾经“丢了西瓜,捡了芝麻”或是“眉毛胡子一把抓”?

成功者永远能抓住工作中最重要的问题,而把其他的小问题先放在一边,这样的做法可以使他们集中精力做重要的事情,这也就是他们比别人成功的原因。因而,集中精力抓紧做重要做的工作,相当重要。

商业、电脑巨子罗斯·佩罗说过:“凡是优秀的、值得称道的东西,每时每刻都处在刀刃上,要不断努力才能保持刀刃的锋利。”因而,工作中一定要学会给这样的工作开绿灯,才能更轻松地完成工作。

日本的造船大王坪内寿夫就是一个非常懂得集中精力做最重要的事情的人。他每天上班时,总是会先列出哪些是要事,哪些是急事。由于每天都有很多事情需要处理,所以他只集中精力,全神贯注地处理最重要的事情。不需要自己亲自处理的急事,他就交给助手去解决。正是这种井井有条的做事方法,使莱岛集团很快成为日本,乃至全世界最大的造船集团。

对一名员工来说,精力充沛的时间是有限的,因此你必须把有限的时间用在最重要的事情上。换句话说,只有把要事放在第一位,建立重要工作的优先权,把纷繁复杂的事情按重要性排序,并按轻重缓急付诸行动,才能高效利用时间,把自己的工作落实到位。

工作效率最高的人,是那些对无足轻重的事情无动于衷,却对那些比较重要的事情锱铢必较的人。一个人如果强迫自己把每一件事都做好,最后的结果往往是一件事都做不好,这实在是得不偿失。

要使工作保质保量地完成,我们不妨每天给自己制作一张工作“优先表”,好好安排我们的工作。

(1)每天都有一张优先表。

每天都对自己的工作做一个较为详细的安排,按要事优先的顺序拟定你的优先表。这样就能把工作有序地安排好,而不至于杂乱无章。如果你每天都这样做,相信你的工作会大大改观。

伯利恒钢铁公司总裁查理斯·舒瓦普曾会见效率专家艾

维·利。会见时,艾维·利说自己的公司能帮助舒瓦普把他的钢铁公司管理得更好。舒瓦普承认他自己懂得如何管理,但事实上公司不尽如人意。可是他说自己需要的不是更多知识,而是更多行动。他说:"应该做什么,我们自己是清楚的。如果你能诉我们如何更好地执行计划,我听你的,在合理范围之内价钱由你定。"

艾维·利说可以在10分钟内给舒瓦普一样东西,这东西能使他的公司的业绩提高至少50%,然后他递给舒瓦普一张空白纸,说:"在这张纸上写下你明天要做的最重要的事。"这花了大约5分钟。艾维·利接着说:"现在把这字条放进口袋。明天早上第一件事是把纸条拿出来,做第一项。不要看其他的,只看第一项。着手办第一件事,直至完成为止。然后用同样方法对待第二项、第三项……直到你下班为止。如果你只做完第一项,说明你总是做着最重要的事情。"

艾维·利又说:"每一天都要这样做。你对这种方法的价值深信不疑之后,叫你公司的人也这样干。这个试验你爱做多久就做多久,然后给我寄支票来,你认为值多少就给我多少。"

整个会见历时不到半个钟头。几个星期之后,舒瓦普给艾维·利寄去一张2.5万元的支票,还有一封信。信上说从钱的观点看,那是他一生中最有价值的一课。后来有人说,5年之后,这个当年不为人知的小钢铁厂一跃而成为世界上最大的独立钢铁厂,而其中,艾维·利提出的方法功不可没。这个方法为查理斯·舒瓦普赚得一亿美元。

(2)把事情按先后顺序写下来,制作一张进度表。

把一天的时间安排好,这对于成大事者是很关键的。它可以让成大事者每时每刻集中精力处理要做的事。把一周、一个月、一年的时间安排好,也是同样重要的。这样做给你一个整体方向,使你看到自己的宏图,从而有助于你达到目的。

在确定每一年或每一天该做什么之前,你必须站在一个宏观的角度规划自己的时间。要做到这一点,你必须弄清楚四个问题:

(1)你的目标是什么

只有制定了清晰的目标,才能感觉到生存的意义和价值,从而为实现自己的目标而坚持不懈地努力。没有目标的人,好比盲目航行的船,最终会与自己的目标越来越远。

(2)你需要做什么

分清轻重缓急,重要的是必须弄清什么任务是非做不可的,哪些是非你不可的。非做不可的,并不一定是要你亲自做的,你可以安排别人去做,自己从旁协助或监督即可。

无论什么事,都要坚持"要事第一"的原则,把更多的时间、更多的精力投入到最重要的事上,这样才能最大限度地创造"生产力",迅速脱颖而出。

(3)什么最有价值

只有把主要时间和精力放在能给自己创造最大价值的事情上,才能比别人干得更出色。

最有价值的事,是重要而不紧迫的事,这才是真正需要我们花费大量的时间去做的事,因为它直接决定了我们的工作业绩。根据巴莱托的80/20法则,最合理、有效的时间管理方法应该是:把80%的时间用来做能给自己带来最高回报的事情,剩余20%的时间则用来做其他事情。绝大多数在自己工作中取得优异成绩的人,都是这个法则的忠实拥护者。

(4)什么最能让我满足

无论你从事什么工作,处于什么地位,你都应该用绝大多数时间来做最能让你满足、快乐的事情,这样你才能永葆对生活的热情。如果总是做一些自己感到乏味,甚至厌烦的事,即使取得了令人瞩目的成就,人生也没有乐趣。

消除了这些疑惑后,接下来你就应该根据事情的轻重缓急开始行动了。一旦你开始这样做了,工作就不会再追着你跑,而是服服帖帖地听从你的安排了。

5

对干扰说“不”

当你每天游移于各大门户网站的新闻链接时,当你在人人网、开心网上溜时,当你偷菜偷得不亦乐乎时,当你流连于微博的“生活哲理”、“搞笑故事”时,时间就这样无声无息地流逝了,而你丝毫没有察觉。

无所不在的各种干扰,正是偷走我们宝贵时间的大盗。这样的干扰,只能让你“忙得不亦乐乎,却又忙得毫无结果”。

也许,你该学一学如何与他人沟通、合作,充分发挥团队的力量,让事业之路变得越来越宽。当然,你的处世态度也需要变一变,别再做“老好人”了,谁的工作你都要去帮一下,你自己的工作反而给耽搁了。要学会巧妙地对各种干扰说“不”,更应当养成不被小事打扰、不在小事上浪费精力的习惯。

公司中的两个主管为了一件小事吵得不可开交,谁也不肯让谁。第一个主管怒气冲冲地去找总经理评理,总经理在静心听完他的话之后,郑重其事地对他说:“你说得对!”于是这个主管得意扬扬地跑回去张扬。第二个主管不服气,进来找总经理评理,听完他的叙述之后,总经理也郑重其事地对他说:“你说得对!”

待第二个主管满心欢喜地离开后,一直跟在主管身旁的秘书终于忍不住了,他不解地问总经理:“经理,您平时不是教我们要诚实,不可说违背良心的谎话吗?可是您刚才却说他们都是对的。”

总经理听完之后,不但不生气,反而微笑着对他说:“他们主管不同的部门,从各自的角度看同一件事看法自然会不同。现在最重要的是让他们把本职工作做好,而不是由我来评价他们的对与错。你一会儿转告他们，让他们做好自己的事，不要让其他的小事干扰自己，浪费精力。”

对一些小事和小矛盾都要争个是非的做法并不可取，有时会带来不必要的麻烦或危害，还会影响到做其他的事情。虽然人和人相处总会有摩擦，但是切记要理性处理，不要非得争个你死我活才肯放手，这样浪费时间和精力对自己没有什么好处，只会干扰自己的工作。

其实，你只要适当调节一下心态和生活，就完全可以轻松摆脱一些小事和琐事的纠缠，排除它们的干扰，淡定地处理手头的工作，安逸地享受美好的生活，然后坐等升职加薪。

刚参加工作的乔羽进公司的第一周，就陷进琐事繁务的泥沼里，她接受了其他部门的工作指派，常常忙到晚上七八点还不能下班，她分内工作没办法及时完成，为此已经遭到主管多次批评，懊恼不已的她决定在周五辞职。主管听到她的辞职理由后，给她提了一个建议，那就是建立自己的工作秩序，凡是其他部门分派的任务先思考后再决定要不要接受的态度。新一周开始，这个小姑娘已经可以果断地对额外加塞的工作说“不”了，“我很乐意帮你，不过我现在有一件非常重要的事情要做，等我有了时间我再找你。”

很显然，乔羽的工作因为临时指派的工作太多，使自己处于无序的状态里，通过加班加点将这些临时工作解决的后果只会给她带来越来越多的工作，真正要解决的是把被打乱的秩序重新建立起来——她并不是一个勤杂工，也不是谁都可以发号施令的对象。后来，她的工作再也没有丢三落四，而且也不用再加班了。

把自己的事不当回事，而把别人的事当成自己的事，这让许多上班族深陷忙碌慌乱的泥沼。不管是面子问题，还是不善于拒绝，这样做只会加剧自己的混乱，让自己的工作堆积如山。

网络化办公让现代职场的我们所处环境更加开放，甚至随时都有可能面对出现的干扰，像即时通讯软件，如 QQ、MSN 等大众电脑普遍都会运行的程序，尽量减少使用。对于大部分上班族来说，工作时并非缺它不可，但上班时的惯例就是登陆后就挂在那里，时不时就会被网友突如其来的“好意”、“美意”，如最新打折的运动鞋、超低的团购价、朝韩对话出现新

转机、超级搞笑的图片等打扰,这个时候你能无动于衷吗?能安之如素吗?能置之不理吗?能视若无睹吗?一来一往,长时间的对话就开始了,时间也就在这敲敲打打中悄然流逝。避免干扰最简单有效的方法就是在工作期间不登陆这些即时通讯软件。

想要对干扰说不,有时候还需要一些技巧的。因为有些干扰需要我们自己提前防范。

居里夫人和皮埃尔结婚时,家里只有两把椅子,正好一人一把。皮埃尔觉得家里椅子太少,建议再添几把椅子,以免客人来了没地方坐,居里夫人却说:"有椅子是好的,可是,客人坐下来就不走啦。为了多一点时间搞研究,还是算了吧!"即使两把椅子也不是特意为客人准备的,他们刚好每人一把,担心来访的客人在舒服的座位上逗留过久会占用过多时间,她也无暇坐在舒服的椅子里高谈阔论。客人来访,要不客人站着,要不居里夫妇站着,总之有一方是要站着的,站着的人和坐着的人说话,双方都会不自在,说不了多久客人就会离开。居里夫人不想让客人坐下来长聊,也不愿把时间花在繁琐的家务上。两把椅子为居里夫人减少了俗事的纷扰,她得以全身心地工作,将大部分的时间和精力都投入到科学研究中。"我在生活中,永远是追求安静的工作和简单的家庭生活。"这两把简陋的椅子为居里夫妇创造了不被干扰的环境,有人评价她说:"一直到死都像一个匆忙的贫穷妇人。"

在拒绝无谓的应酬和闲聊方面,居里夫人的做法虽然有点过头,不过正因为如此才得以节省下很多的时间,先后获得诺贝尔物理奖和诺贝尔化学奖,创造了科学界的神话。

要摆脱干扰,第一不要创造干扰产生的土壤,第二要果断地对干扰说"不"。公司前台的玻璃门上张贴"拒绝推销"字样,开会时将手机通通关掉或者设置为静音状态,在会议室和重要客户会谈时提醒同事不要敲门,如无必要不登录 QQ 或 MSN 等,忙碌的时候要对非分内的请求说"不"。

除却外界的干扰,还有一种自我干扰,例如分心、情绪干扰或沉湎于不作为的状态,正所谓"日防夜防,家贼难防",我们对外来的干扰设置了各种屏障,如果自己不但不拒绝这些干扰,本身还在制造对工作的干扰,这会严重拖延整个工作计划的实施，甚至使工作的完成变得遥遥无期。

从现在开始，勇敢地对那些外在的以及内在的干扰说声“不”，积极按照原有的工作计划来行事，这样你会发现工作其实很轻松，要完成一项工作也没那么费劲；这时你便能享受到身为工作主人的骄傲与乐趣，与曾经那个被工作追得团团转的自己说再见了！

第四章

从简才能减压：寻找最简单的工作方式

老子曰："天下难事必作于易，天下大事必作于细。千里之行，始于足下。"这些话在工作中同样适用，要想有效而快速地完成自己的工作，就必须一切"从简"：将"复杂"的工作简明化，想清楚了再行动，做好当下的工作，并且一次只做一件事情，久而久之，工作便会产生质的飞跃。

1 把复杂事情简明化

生活中有这样一些人，他们认为要做好这一件事，必须得去做前一件事，要做好前一件事，必须得去做更前面的事，把原本很简单的一件事情搞得错综复杂。他们喜欢追根溯源，直到把原始的目的忘得一干二净。这些人看上去终日忙碌，很是辛苦，却不知道自己在忙什么。绝大多数人，都是刚开始时雄心勃勃，到最后却筋疲力尽或偃旗息鼓。有这样一个流传已久的小故事，内容很好笑，蕴含的哲理却很深刻。

一位教授要在客厅里挂一幅画，请邻居来帮忙。画已经在墙上扶好，正准备钉钉子，邻居说："这样不好，最好钉两个木块，把画挂在上面。"教授遵循他的意见，让他帮着去找木块。木块很快找来了，正要钉，邻居又说："等一等，木块有点大，最好能锯掉点。"于是便四处去找锯子。找来锯子，还没有锯两下，邻居再次开口说道："不行，这锯子实在太钝了，得磨一磨。"于是他又回家取锉刀，待锉刀拿来了，他又发现锉刀没有把柄。为了给锉刀安上把柄，他又去树丛中寻找小树。要砍下小树，他又发现教授的那把生满老锈的斧头实在是不能用，他又找来磨刀石。可为了固定住磨刀石，必须得制作几根固定磨刀石的木条。为此他又到郊外去找一位木匠，说木匠家有一个现成的。然而，这一走，就再也没见他回来。那幅画最后还是教授一边一个钉子钉在了墙上。下午教授再见到邻居的时候是在街上，他正在帮木匠从五金商店里往外抬一台笨重的电锯。

其实很多时候，我们之所以觉得问题不好解决，很大程度上是因为我们将事情想得过于复杂，从而忽略了最简单的解决之道。而事实上，只要你掌握了问题产生的规律，就能将复杂的问题简单化，把问题轻而易举地解决掉。

某大学的一个研究室里，研究人员迫切需要弄清一台机器的内部结构。这台机器里有一个由100根弯管组成的密封部分。要弄清内部结构，就必须弄清其中每一根弯管各自的入口与出口，但是当时没有任何有关的图纸资料可以查阅。显然这是一件非常困难和麻烦的事情，研究人员们想尽了办法，甚至动用了某些仪器探测机器的结构，但效果都不是很理想。

后来，一位在学校工作多年的老花匠，提出了一个简单的方法，很快就将问题解决了。老花匠所用的工具很简单，只是两支粉笔和几支香烟。他的具体做法是：点燃香烟，大大地吸上一口，然后朝一根管子里喷，喷的同时将这根管子的入口处写上"1"，而站在管子另一头的人见烟从哪一根管子里冒出来，就立即也写上一个"1"。这样一来，一根管子的入口、出口都找到了。其他管子也同样处理。于是，100根弯管，不到两个小时的时间便把它们入口、出口都弄清了。

在研究人员看来，想要弄清100根弯管的出口与入口是一项很复杂的工程，但在老花匠看来问题却很容易解决，只需要两支粉笔和几支香烟。事实也证明，老花匠的方法是非常有效果的，仅用不到两个小时的时间就把困扰研究人员很久的问题完美解决。是老花匠比研究人员更聪明吗？不见得，要不他也不会只是一个花匠了。老花匠之所以想出了研究人员都没有想到的好办法，关键在于他把复杂的问题简单化了。

由此看来，问题能否得到有效的解决，需要看方法是否得当。有道是："方法得当，事半功倍；方法不当，事倍功半。"那么，我们该如何衡量方法的得当与不得当呢？简单是个重要的尺度。同样是解决问题，有时方法越是简单，越说明你对问题的认识很深刻，对规律的把握很准确。

有"世界发明大王"之称的托马斯·爱迪生在发明白炽电灯的时候，想要知道灯泡的容量，但由于手头上的工作太多脱不开身，便让他的助手帮他量一下一个没有上灯口的玻璃灯泡的容量。过了很长时间，爱迪生已经把自己手上的工作都做完了，助手还没有将灯泡容量的数据送过来。于是，他便来到助手的实验室。

进门时，爱迪生便看见助手正在桌子旁边忙碌地演算着，桌上堆满了很多演算用的稿纸。爱迪生对于助手的举动很是不解，便问他在干什么。助手回答说："我已经用软尺测量了灯泡的周长、斜度，现在正用复杂的公式计算呢。"爱迪生笑了笑，然后对助手说："你可以用简单的方法。"说着，他便向灯泡中注满了水，然后交给助手说："你把灯泡里面的水倒在量杯中，这样就可以知道灯泡的容量了。"

爱迪生轻而易举地就把灯泡的容量测量出来了，而他的助手却花了好长时间都没有得到最终的结果。究其原因还是在于助手将问题想得过于复杂了，而爱迪生却懂得将复杂问题简单化。

因此，不要人为地将问题复杂化，把简单的问题想得复杂，这往往已经是无效甚至失败的开始。学会将复杂的问题简单化，通常会让你能够轻松驾驭问题，问题也会在你的手中得到完美解决。

2 事前想清楚，事后不折腾

很多人之所以总是处在一种忙乱之中，深陷工作的漩涡，而无法赶在工作之前，就因为他们做事之前没有想清楚，没能科学规划，到最后，不得不返工、重做，折腾来折腾去，工作效率又从何谈起？只有做事之前就把它想清楚，第一次就把事情做对，才能保证事后不折腾，也就不至于拖后腿。

安妮是微软公司的一名销售主管，她不仅是一个勤奋努力的员工，同时也是一个有主见、识大局、能够主动去做正确的事的员工。

有一次，安妮被公司派去参加一个销售专题讨论会。她很清楚自己的专长是在转型人才和国际IT市场动态等方面，并计划在会上与业内精英好好做一个交流使自己有所提高。

但是，第一天她就遇到了麻烦，公司要求她来协调与会者的傍晚活动，这样可以更深层地履行公司作为东道主的职责。本来为这次讨论会的成功做出贡献也是安妮的心愿，这也符合她的价值观和原则，她越思考越觉得这是她应当做的。

于是，她就接受了，但她发现自己处在巨大的压力和忧虑之中，来回奔忙，试图满足每个人的要求。由于抽不出时间来做原来想做的事，她变得很沮丧。

就在这种沮丧中，她突然停下来，问自己："等一等，我为什么要去做那些自己并不擅长的事呢？我有义务去执行公司派给的任务，但我也不必去做那些小事啊！再说公司并不是不明白我的长处，我向他们说明我的处境，他们应该会派一名适合做这个工作的人来接替我的，难道不是这样吗？"

她深深吸了一口气，拨通了公司的电话，将自己目前的处境跟上司做了沟通。上司立即明白了她的想法，并做出了及时的调整，派出了一名专门安排各种活动的公关经理接替了安妮。

在这次研讨会上，安妮独特的见解和市场眼光赢得了业界人士的普遍赞扬，也给微软公司赢得了极大的荣誉。

经过了这件事以后，安妮每次接受任务时都会考虑哪些事是应该做的，怎么做才能取得最好的效果。也正是这样的工作作风，使她每次都能赢得公司的表彰，多次被评为公司的优秀员工。

事前想清楚，第一次就保证把事情做好做对，才能保证事后不折腾，也才能保证工作总是能及时高效地完成，从而掌控工作而不是被工作追着跑。

"第一次就把事情做对"是著名管理学家克劳士比"零缺陷"理论的精

髓之一。“第一次就把事情做对”也是质量的护墙,是效率的保证。第一次就做对是最便宜的经营之道!

也许有人会说:“第一次没做对不要紧的嘛,我可以做第二次,做第三次。”是的,第一次没做对时可以重新做第二次,甚至是第三次,但是这样做既浪费时间又会浪费精力,假如没有及时发现错误,有时带来的损失将是致命的。这样工作,当然只会让我们陷进繁重工作的泥沼,无力自拔,怎么能不被工作追着跑?

广告公司业务员小黄在为客户制作宣传广告时,将客户联系电话中的一个数字弄错了。当他们把制作的宣传单交给客户时,客户发现了这一重大错误,要求他们马上改正。由于时间很紧,第二天就要在产品新闻发布会上使用它,因此小黄只好带着团队彻夜加班,当把宣传单改好交到客户手中时,已经是上午十点多了,产品新闻发布会已近尾声,原定会在会议上对这个产品宣传作为重点内容的,不得不临时取消了这一议程。虽然小黄他们一个个全都累得说话都没力气了,却并没有收到好的效果。客户甚至一怒之下,向广告公司索求巨额赔偿。由于错在己方,而且客户召开新闻发布会的费用的确巨大。无奈之下,广告公司只好按照客户的要求进行了赔偿。而这一广告的负责人小黄,自然被炒了鱿鱼,失去了工作。

事前的工作没做到位,没有想清楚,没有计划好,没有负好责,都有可能会导致事后的折腾,并且费时费工,最终却费力不讨好,弄得自己疲惫不堪却并没有得到应有的回报,反倒陷入了工作的漩涡。

所以,做事一定要事前想清楚,计划好安排好,力争第一次就把工作做好,才是保证效率最大化的最有效的方式。只有第一次就把事情做对,才能保证损失的最小化,保证事情的零缺陷,保证我们的工作一直按时守序、保质保量地完成。

事前想清楚,还需要我们对工作专心。在工作中,总有一些事情是我们难以掌控和把握的,如果过度专注于这些事情可能使你感到沮丧和难过。因此,不要管那些无法掌控的事情,例如升职、加薪等,要多把精力放到提高工作质量和效率上来。此外,当你心情不佳的时候,不要强迫自己专注某事,不妨先休息一下,积极地鼓励、引导自己,等心情平复后再开始

自己的工作。这也是减少事后折腾，全面掌握工作的好办法。

星期一的一个早晨，某公司领导向所有部门分配了工作任务，同事们都忙得人仰马翻，唯独李博还在优哉游哉地喝咖啡。

一位同事从他身边走过多次，见他还是稳如泰山地坐在原处，不禁问道："李博，我们忙的时候你闲着，我们加班的时候，你早早地就回家陪老婆孩子了。难道上司优待你，没有给你分配任务？要不来帮我分担点儿？"

李博笑了笑，说道："我的任务一点儿也不比你少，不要打我主意。不过，我星期一早晨工作效率不高，而且那么多工作，我得先理个头绪出来。不要看我在这里喝着咖啡，就以为我没事干好不好？这主要是咱们的工作方式不一样。我都习惯在自己的黄金时间段里工作，这样既有成就感，又有效率，工作起来也更加开心啊。"

听完这句话，这位同事立即停下了脚步，坐到李博对面，也开始泡起咖啡喝。两人聊了十来分钟，李博便起身走开了，说道："你慢慢喝吧，我先忙去了，可别因为喝咖啡忘记了工作啊，这样我的罪过可大了。"然后，他就回到自己的桌边，开始整理一些文件资料。等到十点左右，他就开始进行工作任务的"攻坚"环节，因为此时他的精力特别旺盛。

一般来说，上班的那段时间应该是每个人精力最好的时候，但是在这几个小时里，某个时间段里你的状态是最好的，若能充分利用这段时间来完成工作，也就不用加班了。如果你每天应付各类工作，却总是忙不完，也许你该向李博学习一下如何利用黄金时间段工作了……

如何在做之前就想清楚，免除事后折腾呢？这需要我们在确定每一年或每一天该做什么之前，对自己应该如何利用时间有全面的看法。具体说来，可以从以下几个方面去考虑。

首先，要明确自己的目标。我们每个人都有目标，虽然现在你每天都在做着一些平凡的事，但再过 10 年或 20 年，部分人可能会成为公司的管理层人员。所以，你要解决的第一个问题就是，明白自己将来要干什么？只有这样，才能朝着这个目标不断努力，把一切和自己无关的事情统统抛弃。

对于这个问题，麦肯锡公司给出了如下答案：对实现目标越有贡献的事越重要，应优先处理；对实现目标越无意义的事情，越不重要，越应延后处理。

其次，根据责任来确定，要明确自己必须做什么。在工作当中，总会有些任务是非做不可的。所以你必须分清某个任务是否一定要做，或是否一定要由你去做。

这两种情况是不同的。非做不可，但并非一定要你亲自做的事情，你可以委派别人去做，自己只负责监督其完成就可以了。

再次，根据时间回报率来确定。人生是有限的，所以我们要学会提高时间的利用率，即用最少的投入换得最高的回报。在工作中，我们应该把时间和精力集中在能给自己最高回报的事情上，即会比别人干得出色的事情上。

最后，根据自己的满足度来考虑。我们工作的目的，无论是为了赚钱谋生还是为了提高生活品质，抑或是为了自我实现，总是为了满足自己。所以说，做重要的事，也莫过于最能让自己满足的事。

不少人都认为：能带来最高回报的事情就一定能给自己最大的满足感，事实上并非任何一种事情都是这样。无论你地位如何，你总需要把部分时间用于做能够带给你满足感和快乐的事情上，这样你会始终保持对工作的热忱，觉得生活是有趣的。

用上面四个标准，就可以正确地判断我们即将面对的复杂的工作，哪些是最重要的需要及时去做的，最好能将完成这件工作的步骤都考虑清楚，这样就不至于让我们陷入到事务性的繁琐泥沼中，可以很快地确定出事情的主次及步骤，并能按部就班、有条不紊地把工作完成到最好，而绝不会在事后再来无谓地折腾。

3

化整为零才能循序渐进

工作忙乱,有可能是因为工作太多,都压在桌上,看上去每一件都重要,做起来却了无头绪,甚至对一些工作无从下手,从而耽误了不少的工夫和精力,最终使我们没法掌控工作,成为工作的奴隶。但如果我们掌握了方法,把宏大的任务化解成零散的目标,一个一个,循序渐进地去完成,我们会发现工作瞬间轻松了许多。

1968年某天,罗伯·舒乐博士立志要在加州用玻璃建造一座水晶大教堂。他向著名的建筑设计师菲利普表达了自己的构思:"我要的不是一座普通的教堂,而是一座人间的伊甸园。"

菲利普问舒乐预算多少,舒乐博士坚定地对他说:"事实上,现在我一毛钱都没有,所以对我来说,100万美元和400万美元并没有区别。重要的是,这座教堂本身要具有足够的吸引力,吸引捐助者的到来。"

教堂最终敲定需要的预算是700万美元。这个数字不但超出了舒乐博士的承受能力,甚至也超出了他的想象范围,其他人也都对舒乐博士说"这似乎不可能"。

但舒乐博士却想出了一个化整为零的方法。他在一张纸上写着"700万美元",然后在这个目标下面写道:

1. 找1笔700万美元的捐款;
2. 找7笔100万美元的捐款;
3. 找14笔50万美元的捐款;

……

9. 找700笔1万美元的捐款;
10. 卖出教堂1万扇窗户的署名权,每扇700美元。

在这神奇的化整为零的方法作用下，舒乐博士历时一年多筹集到了足够的款项。据说，水晶大教堂最后耗资 2 000 万美元，但是在舒乐博士将这宏伟的目标化整为零之后，奇迹般地募集了足够的资金，让这个大教堂成为了加州胜景。

这个宏伟的梦想和宏大的任务原本令人望而生畏，似乎这是一个无论如何忙碌都无法企及的目标，但是化整为零之后，成为了一个又一个可实现的小目标。可见化整为零是轻松掌控工作的一个好办法。

俄国大文豪托尔斯泰有这样一句名言："人要有生活的目标：一辈子的目标，一个阶段的目标，一年的目标，一个月的目标，一个星期的目标，一天的目标，一小时的目标，一分钟的目标，还得为大目标牺牲小目标。"

1984 年，在东京国际马拉松邀请赛中，名不见经传的日本选手山田本一出人意料地夺得了世界冠军。当记者问他凭什么取得如此惊人的成绩时，他说了这么一句话："凭智慧战胜对手。"

大家对他所谓的"智慧"都有些迷惑不解。10 年后，他在自己的自传中道出了这个"智慧"的真相："每次比赛之前，我都要乘车把比赛的线路仔细地看一遍，并把沿途比较醒目的标志画下来。比如，第一个标志是银行；第二个标志是一棵大树；第三个标志是一座红房子……这样一直画到赛程的终点。比赛开始后，我就以百米赛跑的速度奋力向第一个目标冲去，等到达第一个目标后，我又以同样的速度向第二个目标冲去。四十多千米的赛程，就被我分解成这么几个小目标轻松地跑完了。起初，我并不懂这样的道理，我把我的目标定在四十多千米外终点线的那面旗帜上，结果我跑到十几千米时就疲惫不堪了，因为我被前面那段遥远的路程给吓倒了。"

第一个标志，第二个标志，第三个标志……正是这种循序渐进的态度帮助山田本一获得了世界冠军。美国著名作家赛瓦里德说过："当我打算写一本 25 万字的书时，一旦确定了书的主题和框架，我便不再考虑整个写作计划有多么繁重，我想的只是下一节、下一页甚至下一段怎么写。在六个月当中，除了一段一段开始外，我没想过其他方法，结果就水到渠成了。"

不要畏惧过于遥远的目标，运用化整为零的方法，忙碌于一个又一个可以企及的小目标，最终就能达到目标。不要抱怨每天忙碌于如此多的琐事，成功从来都无法一蹴而就，只有循序渐进，让每天的忙碌都发挥功效，才能达到目标。

4 一次只做一件事

钻头为什么能在短暂的时间里钻透厚厚的墙壁或者是坚硬的岩层？物理学家给我们解释了其中的道理：同样的力量集中于一点，单位压强就大，而集中在一个平面上，单位压强就会减小很多。所以，攻其一点的谋略是解决问题的最好办法。

人类在追逐目标的过程中，既然选择了一个目标，就不要让这个目标轻易地失去。一旦你调整、确定了方向，就应该专注于一件事情。因为一个人的精力是有限的，“真正赢家会把精、气、神集中于一击。”

有人问爱迪生：“成功的第一要素是什么？”

爱迪生回答说：“能够将你身体与心智的能量锲而不舍地运用在同一个问题上而不会厌倦的能力……你整天都在做事，不是吗？每个人都是。假如你早上 7 点起床，晚上 11 点睡觉，你做事就做了整整 16 个小时。对大多数人而言，他们肯定是一直在做一些事，唯一的问题是，他们做很多很多事，而我只做一件。”

如果一个人过于努力想把所有事情都做好，那他最终只会一事无成。要在有限的生命里完成一流的事业，他就必须有所选择、有所坚持、有所放弃，集中全部精力专注地去做一件事。

这是成功的秘诀，也是掌控工作而不是被工作掌控的法门。一个人的精力是有限的，把精力分散在好几件事情上，不是明智的选择，而是不切实际的考虑。相反，一次只做好一件事，往往有所收益，使工作更顺畅、更有条理。想做太多的事，反而一件事都做不好，结果两手空空。

在对一百多位获得杰出成就的男女人士的商业哲学观点进行分析之后，卡耐基发现了这个事实：他们每个人都具有专心致志和明确果断的优点。

伍尔沃斯的目标是要在全国各地设立一连串的“廉价连锁商店”，于是他把全部精力花在这件工作上，最终完成了此项目标，而这项目标也使他获得了成功。

林肯专心致力于解放黑奴，并因此使自己成为美国最伟大的总统。李斯特在听过一次演说后，内心充满了成为一名伟大律师的欲望，他把一切心力专注于这项目标，结果成为美国最成功的律师之一。伊斯特曼致力于生产柯达相机，这为他赚进了数不清的金钱，也为全球数百万人带来无比的乐趣。海伦·凯勒专注于学习说话，因此，尽管她又聋、又哑、又瞎，但她还是实现了她的明确目标。

英国著名的小说家、政治家爱德华·利顿曾经说：“有些人见我终日忙碌，行程安排如此紧凑，问我为什么还能从事学术研究，在各地出版六十多本专著，而其中许多书需要花费大量时间和精力进行深入研究才能写出。我的回答很简单，那就是用不同时间做许多事，专注于自己目前所从事的工作。你们觉得我每天用多长时间来阅读、写作呢？我可以告诉你们，不到三个小时，当我在国会开会之时，这时间可能更短。但是在这段时间里，我会全神贯注、心无旁骛地阅读或写作。”

许多职场中人抱怨工作任务繁重，抱怨公司总是给他们分配超额的任务，让他们不得不加班加点地工作。但是，你是否有效地运用了每一分钟的工作时间，是否利用专注的良好习惯为自己赢得时间和效率呢？

一名青年苦恼地对昆虫学家法布尔说：“我不知疲倦地将自己的全部精力花在我爱好的事业上，结果却收效甚微。”

法布尔赞许道：“看来你是有志于献身科学的青年人。”

青年人说：“是啊，我爱好科学，也爱好文学……对音乐、美

术也非常感兴趣。”

法布尔于是拿出一个放大镜给青年人,说:“把你的精力集中到一个焦点上试试,就像凸透镜一般。”

曾国藩在写给弟弟们的家书中说道:“求业之精,别无他法,曰专而已矣。谚曰‘艺多不养身’,谓不专也。吾掘井多而无泉可饮,不专之咎也。诸弟,总须力图专业。”对于职场中人来说,专注也同样重要。一个人的精力是有限的,若想一边工作一边娱乐,结果可能娱乐不得,工作也耽误了,最后不得不加班加点。所以,何不在工作时间里专心致志地完成工作任务,下班后再和朋友、家人一起真正地娱乐呢?

一些职场中人看似工作时间都围着自己的那些任务,但是如果真的有效地利用起了那七八个小时,有什么工作不能完成,还非要加班加点呢?当你真正专心工作的时候,私人电话,便能在最短的时间内解决掉而不至于打扰你;喝一杯咖啡,也无需花上几十分钟的时间;当然,你更不会在网络上跟朋友们瞎聊乱侃。

但是,偏偏大部分的员工习惯了不专心工作。有调查显示,员工每周用于查看电子邮件的时间居然高达14小时!试想,收发工作邮件需要这么长的时间吗?你用了多长时间来发呆,肆意瞎想呢?此外,调查数据还透露,70%的色情类、购物类网站访问是在工作时间里浏览的。当你一边工作一边做这些无聊事务的时候,其实你的大脑也正在“旷工”。你难以集中精神来工作,完不成正常的工作任务自然也是常事,加班加点又怨得了谁呢?

专注才能成功。一个人的职业生涯和精力都非常有限,知道如何利用有限的精力,在有限的时间里做尽可能多的事,自然会脱颖而出。

有这样两个人:一个人吃苦耐劳,初中毕业后就去东莞一家家具厂打工,他从事的是很少有人愿意做的喷漆工作;另一个人害怕吃苦,初中毕业后也到了同一家工厂打工,他选择的是工作相对轻松的保安。

半年后,喷漆工一如既往地做好自己的工作,而保安却经历了无数变迁。他嫌工资低,于是辞职到另一家工厂做保安,结果待遇还不如之前的公司;接着他又投奔深圳的朋友去了,还是没能找到既能轻松挣钱,自己也喜欢的工作。

经历过这些后，当初的保安强烈地意识到给人打工永远不能挣大钱，他由此萌生了当老板的念头，并毅然辞职回了家。回家后，他拿着仅有的积蓄做起了小生意，却血本无归，于是他再次决定去打工。

转眼五年过去了，当初的喷漆工已"多年媳妇熬成婆"，被工厂老板派到越南开发市场，月薪8000元人民币。虽然当初的保安也不再是保安，但他一事无成，仍然无法安定下来。

为什么两个各方面能力都差不多的人，最后的命运却截然不同？这个问题其实很简单。成功者之所以成功，是因为他专注于一个目标，并持之以恒，而失败者之所以失败，主要是因为他的精力太分散，不能专注于一个目标。只有专注于一个目标，一次只做一件事，并且竭尽全力把这一件事做好，再忙再乱的工作也会被我们处理得井井有条，成效显著。

世界上，最拥挤的地方可能要数只有10平方米的纽约中央车站问询处。每天，那里都是人潮汹涌，匆匆的旅客都争着询问自己的问题，都希望能够立即得到答案。对于问询处的服务人员来说，工作的紧张与压力可想而知。可柜台后面的那位服务人员看起来一点也不紧张。他身材瘦小，戴着眼镜，一副文弱的样子，显得那么轻松自如、镇定自若。

在他面前的旅客，是一个矮胖的妇人，头上扎着一条丝巾，已被汗水湿透，眼睛充满了焦虑与不安。问询处的先生倾斜着上半身，以便能倾听她的声音。"是的，你要问什么？"他把头抬高，集中精力，透过他的厚镜片看着这位妇人，"你要去哪里？"

这时，有位穿着入时，一手提着皮箱，头上戴着昂贵的帽子的男子，试图插话进来。但是，这位服务人员却旁若无人，只是继续和这位妇人说话："你要去哪里？"

"春田。"

"是俄亥俄州的春田吗？"

"不，是马萨诸塞州的春田。"

他根本不需要行车时刻表，就说："那班车是在10分钟之后，在第15号站台发车。你不用跑，时间还足够。"

"你是说15号站台吗？"

“是的，太太。”

女人转身离开，这位先生立即将注意力转移到下一位客人——戴着高贵帽子的那位男子。但是，没多久，那位妇人又回头来问站台号码。“你刚才说是15号站台？”这一次，这位服务人员集中精力在下一位旅客身上，不再管这位头上扎丝巾的妇人了。

有人请教那位服务人员：“能否告诉我，你是如何做到并保持冷静的呢？”

那个人这样回答：“我并没有和公众打交道，我只是单纯处理一位旅客。忙完一位，才换下一位，在一整天之中，我一次只服务一位旅客。”

“一次只做一件事”，是解决因为工作常常被迫中断而变得效率低下的良药。德鲁克曾在《哈佛商业评论》上就“每次只做一件事”发表文章，以他九十六年的丰富经历非常肯定地指出：“我还没有碰到过哪位经理人可以同时处理两个以上的任务，并且仍然保持高效。”

美国政治家亨利·克莱曾说：“遇到重要的事情，我不知道别人会有什么反应，但我每次都会全身心地投入其中，根本不会去注意身外的世界。那一刻，对于时间、环境以及周围的人，我都感觉不到他们的存在。”当你全心全意地投入工作时，你的效率就会节节攀升。如果你在工作、学习、休息时都不能集中注意力，那么无论你做什么事情，都很难取得良好的效果，也就无法从中获得丝毫满足感和快乐。

作为一名员工，只有一心一意地、集中精力专注于自己的工作，才能发现工作中的细节问题，才能把工作做到位，从而把工作安排得井井有条，而不会总被工作追着跑。

5

消除环境的不利影响

人是环境的产物，持这种观点的人应该比较理解孟母三迁的苦心，但必须指出的是，好环境并不一定能培养出一流的人才，不管身处的客观环境如何，自我控制才是最重要的。真正做事情的环境应该是内环境和外环境兼顾，另外创造一个强大的内心环境、不为外界所动才是关键。

“人们总是把自己的问题归咎于环境，我不相信环境，这个世界上所有出人头地的人都是勇于站起来寻找机会的人，如果无法找到，他们就自己创造条件。”说这句话的人是英国著名的戏剧家萧伯纳，其父是一个不管老婆和孩子的酒鬼，因为家里太穷，15 岁的萧伯纳不得不辍学去当学徒。父母离婚后，他来到伦敦，先是在爱迪生电话公司找到一份差事，可是不久公司倒闭了，接着他到《大黄蜂》报撰写音乐评论，后来这份报刊也停刊了，万般无奈的萧伯纳以写作谋生，五部长篇小说被六十家出版社拒绝，九年里他所得的稿酬不过 6 英镑。

在他的生活环境里，我们看不出任何对他戏剧创作有利的条件，但这些并没有改变他对戏剧的热爱。自始至终，萧伯纳强大的内心都为自己创造着做事的最佳环境。理智的人使自己适应这个世界，不理智的人则是要世界适应自己，而后者根本是不可行的。

一个准备参加二月份研究生考试的女生，最近饱受煎熬。去年她辞掉工作，准备花半年的时间复习功课。在考前一个月，她对任何动静、声音和光线都异常敏感，唯一可以静下心看书的地方就是在人民大学的教室里，回到宿舍她可以集中精力做任何事情，除了看课本，这让她苦恼不已。不久前她给我打电话说决定回老家复习功课，因为到了最后冲刺阶段，想听听我的建

议。事实上很多人都有换环境就能让自己进入工作和学习状态的错觉，这种做法绝对是在掩耳盗铃。真实的情况是这样的，刚回老家的两三天里，她对一切充满了好奇和新鲜，这股热乎劲儿一旦过去，她必然落到窠臼里，进入新一轮的死循环。如果没有办法创造内环境，外界环境就不能起到相应的作用，认为外界环境不好从而造成注意力无法集中，是逃避焦虑和压力的借口。

当自己选择逃避时，先要搞清楚自己的状态，是环境确实嘈杂，还是自己对当前的工作感到极度疲软、无力、沮丧或者厌烦，如果是后者的话，换一处新环境并不是最佳的解决方案。当然，能避免无谓的干扰，找到适合的气氛也能促使我们高效地工作。

像那位女生，在这种压力下，选择去教室是学习的最佳去处。其实，她无法进入学习状态，还是因为自己未能掌控环境。

不可否认，环境对于我们的工作确实会产生一定的影响，有时这些影响有可能就是决定我们工作是主动还是被动、是拉着工作跑还是被工作追着跑的分水岭。但是，俗话说："境由心生。"环境毕竟只是客观的存在，最为关键的因素还是我们的内心，还在于我们是不是能以一种主动积极的态度来对待环境。如果你能掌控环境，把环境对你的影响减到最小，那么，你也就能把环境的影响抛在一边，掌控工作，掌控人生了。

6 用巧干代替苦干

勤奋工作是做好工作的途径之一，但很多时候，我们勤奋努力、辛苦忙碌，却并没有获得我们想要的结果，反倒是那些看似并不怎么努力的人能取得令人羡慕的成就。这其中的秘诀，正在于方法。

好的方法是获得高绩效和取得突出业绩的捷径。“巧干胜于蛮干，聪明胜于拼命”，勤奋未必成功，就是因为有时候勤奋确定没有聪明有效，苦干没有巧干给力。

惠普前首席知识官高建华曾深有感触地说：“惠普这样的跨国公司不提倡员工们整天努力拼命地工作，而是提倡员工们聪明地工作，希望员工们能在工作中开动脑筋，想出更好的办法去解决问题、完成工作，从而提高工作质量和效率。”

有一位知名的物理学教授半夜醒来时，发现自己的实验室里依然灯火通明。他来到实验室里，看到自己的一名学生正在实验台前忙碌着。

教授关心地问道：“怎么这么晚还没休息？你现在做实验，白天都做了些什么呢？”

学生回答：“我白天也在做实验啊。”

教授稍微停顿了一下，说：“勤奋固然很好，但令我好奇的是，你把所有的时间都花在做实验上，有思考的时间吗？”

这位自以为好学不倦的学生，把所有的心力都花在实验上，却忽略了思考才是学习的根本，实验的目的只是帮助思考而已，结果却本末倒置了。埋头苦干、积极投入的态度固然是好的，然而不懂得如何拿捏，盲目透支精力却是不必要的。

成功者往往会在行动之前深思熟虑，然后再去努力工作。在工作中，不要只知道做事情，还要经常停下来想一想。如果你不能让出些时间去思考、制订计划、安排优先顺序，你的工作就会变得非常辛苦，同时你也很难享受到聪明地工作所带来的收益。

聪明地工作意味着你要学会动脑，用巧干代替埋头苦干。如果你一味地忙碌以至于没有时间来思考，那是得不到事半功倍之效的。事实证明，要获得高绩效，就要明白“巧干胜于蛮干”的道理，并在工作中以之为指导原则。

某煤矿的一处山洞正要进行爆破，一切准备就绪后，却发生了意外：一只受惊的小鹿慌不择路地跑进了装满炸药的山洞。

这让爆破人员大惊失色，一方面，他们担心小鹿趴在炸药上，影响爆破的精准度，另一方面，也担心小鹿将雷管的引线踩

断。爆破的任务非常紧迫,必须尽快将小鹿弄出山洞。

大家纷纷出主意,有的说进去把小鹿捉出来,有的说干脆将小鹿杀死算了……

很显然,这些都不是最好的方法。

这时候,一位工程师冷静地分析了小鹿跑进去的原因:洞里比较凉爽。“那么,如果山洞里比外面还要热,小鹿是不是就会出来呢?”

的确有道理,于是大家赶紧搬来一台暖风机,开始向洞里吹送暖风。十几分钟后,小鹿出现在了洞口外。大家迅速将洞口堵上,小鹿得救了,爆破也非常成功。

巧干胜于蛮干,也胜于苦干。这位工程师真是深得巧干三昧的人,用一个小办法就将问题以最理想的方式解决了。

在工作中,我们是否问过自己:我们是在蛮干还是在巧干?我是在拼命地工作,还是在聪明地工作?事实上,仅有拼命还不够,我们更需要聪明地工作,创造性地工作。只有这样我们才能真正把工作抓在掌心,让工作跟随我们驰骋,而不是被工作支使得团团转。

“拼命干不如聪明干,肯干更要巧干”。要卖力地工作,更要聪明地工作。这个道理也许大家都懂,但付出实际行动的人不多。不少人认为,在工作量与成功之间存在着一种直接的联系,即一个人所投入的人力、物力和精力越多,获得的成功就越多。然而,拼命地工作不一定能如预期那样给自己带来成功,收获想象中的成就感。只有用聪明地工作代替拼命地工作,能干、肯干又懂得巧干的员工,才能既多一些时间享受生活,又获得更佳的业绩。

7

会工作还要会休息

休息与工作，必须安排好，才能有利于我们掌控工作。因为休息会耽误我们的工作时间，甚至会拖累我们的工作，使我们落在工作的后面，追不上工作的脚步。但是，如果总是不休息，或是休息得不够，则必然会影响工作的效率。因为无精打采、疲惫不堪时，是难以把工作处理好的。要不，怎么会有人说会休息的人才会工作呢？

休息是为了更有效地工作。休息，是指在一定时间内相对地减少活动，使人从生理上和心理上得到松弛，消除或减轻疲劳，恢复精力的过程。在紧张地工作了一段时期后，休息，可以恢复体力、精力、精神，确保每天都有充足的精力投入工作。机器的运转需要不断添加润滑油，需要轮流运转与停歇。人也一样，不能够“生命不息，工作不止”，而应该劳逸结合。不知好好休息才能好好工作的道理，拒绝休息，反而会使我们的工作效率降低，甚至损害我们的健康，得不偿失。

在瑞士，休息是最重要的权利，“会休息的人才会工作”这句话，几乎被每个瑞士人当成座右铭。喝咖啡是瑞士人理所当然的权利，各个写字楼的咖啡厅都是大家聚集闲聊的地方，学生们和老师们的课间休息就是去咖啡厅一起喝一杯，公司的同事也会时常溜到咖啡厅去休息。如果你去办事需要等待，别人也会建议你先去喝杯咖啡。总之，瑞士人强调生活不要太紧张，轻轻松松才是生活和工作的乐趣。如何安排每年的休假更是瑞士人的头等大事，许多人通常在前一年就开始计划如何安排日程。他们通常不顾手头的工作进展，该休假就休假，就算老板多给加班费也不干，天大的事情都得等度完假回来再办。瑞士人休假是纯粹的休息，不带手机不穿西装，或者上山或者下海，完全换

了一个生活环境。在他们心里，休息和工作同样重要，甚至休息比工作更重要，因为只有休息好了，才能更好地工作。

但在我们周围，却很少有人会把休息看得比工作重要。我们大多数人都奉行工作比休息重要的理念，当工作和休息冲突时，永远选择工作第一。因而，加班、熬夜就成了家常便饭，忙和累也成了日常的状态。

曾有这样一出外国讽刺剧，一个人为了节约时间，及时上班，不但早餐在车上解决，而且穿裤子、刷牙都在车上解决。他左手拿着漱口杯，右手拿着三明治，拿着一条裤子就一头冲进了车里。还从车的门缝里探出一只手，抓走了家门口的一块砖头。

一路上，他先把鞋脱了，赤着双脚，右脚踩油门，同时给左脚穿袜子，然后又用左脚踩油门，给右脚穿上袜子。他穿裤子的动作更是滑稽。只见他把砖头往油门上一按（正赶上下坡），砖借人力，他趁机迅速把裤子提到腰上。下一步就是刷牙，只见他把前窗刷窗剂的管子一拔，里面早已储好的水立刻就喷射了出来，他张开的大嘴正好接住。音乐响起，破车就随着音乐的节奏越开越顺。然而此时，车祸发生了！

“手忙脚乱”是形容忙乱的一个成语，用到这位先生身上，再恰当不过了。很显然，在这样的着急的状态下，不可避免地会发生车祸。真正高效率的人，不仅事情做得快，而且做得好。追求徒有其表的效率，草草了结并不能够结束的工作，结果只会是返工。所以，如果更耐心更细致些，我们的事就会做得更快、更好、更有效率，把工作完成得更好。

“忙”这是当今许多职场中人的一句口头禅。紧张的职业生涯犹如不间断的百米跨栏，当挑战一个一个摆在面前，开始时我们也许可以轻松跨过，但随着路程的不断加长，栏高的不断增加，再强有力的人也会遇到自己无法突破的极限。因为人的精力是有限的，没有人可以连续不断地工作。只有劳逸结合，好好休息，才能休养生息，保持精力，从而把工作做得更有效率。所以会工作还要会休息。

当你在电脑旁坐久了，头脑纷乱时，应该平静下来让头脑清醒；在你工作繁琐，情绪又紧张时，要懂得把工作暂停一下，以便使你的情绪恢复镇定轻松。如果你总是待在办公室里，不妨每隔 1 个小时就花点时间去办公室外的走廊走走，如果怕被人误以为你是在偷懒，也可以在走完之后为自己打一杯水；如果你实在不想走，那么就在电脑上设置一个定时闹钟，每隔 45 分钟让电脑提醒你该休息了，然后你可以整理整理你的办公桌，站起身来伸伸腿揉揉眼，或者做做颈部保健操、眼保健操……从工作思绪里解脱出来，让自己的注意力暂时离开，这样可以帮助你恢复精力。不过当你休息时间过了的时候，你一定要马上进入工作状态，不然你会进入浪费时间的状态，虽然精力充沛，但工作却无法及时完成。

如果你坚持每天都适时休息，保证做到劳逸结合的话，你的工作效率必然大大提高，因为劳逸结合，比疲劳工作效率更高。这就好比是旋转的陀螺一样，鞭子抽得太快太急，往往会让它们马上倒地，反倒是不疾不徐地抽打，能让陀螺转得更优美、更从容、更长久。

第五章

自以为是不可取：求借他人的智慧

合作是当今社会的一种必然趋势，特别是对于职场人士来说，与他人合作更是比知识和能力都要重要。不管你具不具备开拓者的条件，也不管你的能力是否强过他人，都不妨以合作者的姿态来前行，这既是提升自己能力的需要，也是更快完成工作的最佳方式。

1 职场从不相信孤胆英雄

一加一等于二，这是人人都知道的算术，可是用在人与人的团结合作上，所创造的业绩就不再是一加一等于二了，而可能是一加一等于三、等于四、等于五……

团结就是力量，这是再浅显不过的道理了。一个人是否具有团队合作的精神，将直接关系到的他的工作业绩。几乎所有的大公司在招聘新人时，都十分注意人才的团队精神，他们认为一个人是否能和别人相处与协作，要比他个人的能力重要得多。有调查显示，96%的决策是由团队做出的，而个人做出决策的却很少。

这正是合作时代的显著特征。在这个纷繁复杂的世界里，任何人都不可能是全能的，也没有一个组织或个人能拥有自己所需要的所有资源。即使是完成一件最简单的事也离不开和其他人的合作，除了合作别无选择。我们所能选择的只是怎样和别人合作，是真诚谨慎，还是漫不经心；是使用有效的方式，还是无效的方式。

靠单打独斗就可以取得成功的时代已经渐渐远去，现在是一条绳上的“蚂蚱”与另一条绳上的“蚂蚱”竞争的时代，即团队之间竞争的时代。一旦被打败了，整个绳上的“蚂蚱”都难逃厄运，所以必须保证整条绳上的蚂蚱们都高度协同，一致对外。

如何才能使一条绳上的“蚂蚱”具有出色的战斗力呢？著名童话作家雷克洛夫曾写过这样一则寓言：

有一次，天鹅、鱼和虾想合作拉一辆装满东西的货车。三个

家伙套上绳索，拼命用力拉，可车子还是一动不动。

车上装的东西不算重，只是天鹅拼命向云里冲，虾使劲儿向后拖，鱼则使出吃奶的力气向水里拉。它们开始互相埋怨，认为其他两个一定没有好好出力。

天鹅、鱼和虾都非常卖力，但就是不见努力的成效，究竟是谁之过呢？事实上，它们都没有错，错就错在它们三个对于团队目标的认识存在分歧，造成协同工作中存在严重问题。尽管大家都十分努力，但是努力的方向不同，各自的忙碌所产生的作用也被相互抵消，最终的结果只能是大家的忙碌都毫无结果。

一个人的力量是有限的，而一个团队却永远拥有再开发的潜力。在大自然中，雁群以“人”字形飞行时，整个雁群比每只雁单飞，至少增加了71%的飞行能力。合作对于人来说同样如此。拥有共同目标与集体荣誉感的人可以更快、更轻易地达到他们想要达到的目标，因为他们凭借着彼此的冲劲、助力前行，在这股助力的推动下，他们的忙碌往往能得到更多的回报。

对于职场中人来说，借助团队的力量能帮助我们更快地完成手中的工作，它是职场成功的密码。

林友光大学毕业后进入一家设计院工作，由于这所设计院的办公条件很好，上至院长下至普通的设计员都拥有一间属于自己的小办公室，平时大家都习惯关起门来工作，所以无论何时来到设计院，走廊上总是静悄悄的。可是对林友光这样的活跃分子来说，这样的办公环境极为不适应，他迫切希望能与同事有更多的交流。于是，他每天一到单位，就将自己办公室的门敞开，希望有同事能来串门。一周过去了，一个人也没有来，但他并不觉得沮丧，仍然将门打开，因为他觉得这样至少在心理上不会觉得那么憋闷。

突然有一天，一位女同事跑进他的办公室，请他帮忙搬书。他二话没说，立即跟着女同事下楼，将书一一搬上楼。

从那以后，来他办公室的人渐渐多了起来，希望他能够在工作上给予配合。这正是林友光求之不得的事情，于是竭尽全力帮助同事解决问题，哪怕自己吃点亏也甘之如饴。

就这样一个月过去了，林友光也渐渐与同事们熟悉了起来，只要大家有什么事情需要帮忙总是第一个找上他。对此他感觉很满意，认为自己不再是院里可有可无的人。

突然有一天，院长拿着一沓稿纸急匆匆地从林友光的办公室前经过，看到门开着，又退了回来，走进林友光的办公室，对他说道："那个，你……"

显然院长对他还是不熟悉。林友光赶紧站起来，自我介绍道："院长，我叫林友光，刚来院里不久，您有什么吩咐吗？""哦，小林。"院长看了他一眼，问道，"你打字快吗？我这里有一份材料，下午开会就要用，得马上打印出来，你可以吗？""没问题的，院长，我一会儿就能打好给您。"林友光胸有成竹地说道。

一小时后，他便将那份8000多字的材料打印整齐，送到了室，院长接过材料，满意地点了点头。

从此以后，院长经常吩咐他做一些过去他总是叫别人做的工作，甚至有一天突然打电话给林友光，叫他暂时放下手头上的工作，代替请假的秘书和他去一家单位谈判。

渐渐地，林友光成了院里最忙碌的人，同事无论大小事，都习惯找他帮忙，而院长有什么重要的事情，也总是会叫上他。

年底，院里决定提拔一名院长助理，工作才一年多的林友光被大家一致提名，因为在大家的心目中，林友光早已是院长助理了。

林友光工作仅一年多，还是新人的他却担任了院长助理这一重要职位。他凭的是什么？无需怀疑，他靠的是人脉。他的人脉不仅仅包括院长，更多的是曾经受惠于林友光的同事们。换句话说，他完全是靠着一副热心肠得到了这次晋升的机会。

一个乐于助人的人，除了能为别人提供方便外，也能为自己带来一些便利；除了能让受到帮助的人感到温暖外，还可以使自己获得重大机遇。其实很多时候帮助别人并非要做了不得的大事，很多都是举手之劳而已，但却能为自己建立人脉，促进合作。

举手之劳并不会耽误你的工作，有时候你不愿去做那些虽然看起来不过是举手之劳的事，才可能耽误工作呢。因此，作为一名聪明的职场中

人,要懂得"与人方便,自己方便的道理"。

每次,邱洁来到办公室的第一件事情就是打开饮水机,这样等其他人上班的时候,就可以喝上热水了。后来,邱洁被调到公司总部去了。回来联欢的时候,同事们笑称现在喝不上热水,新来的秘书来得早也不开饮水机,工作了一会儿想要喝水,都得跑到楼下去买热饮。同事们多么怀念邱洁啊。

当你的同事在工作中遇到难题时,你不妨主动出击,诚心诚意地帮助他们,使他们摆脱暂时的困境,而不是冷眼旁观。要知道,帮同事就是帮自己,你把助人当做一种习惯,一旦你有需求的时候,别人也会主动来帮助你,这无疑对你更高效地完成工作有百益而无一害。

2 给别人面子就是给自己路子

人人都爱惜自己的面子。聪明人在与同事交往的过程中,从不会把话说死、说绝,说得自己毫无退路。例如,"看你做的那些蠢事。""谁像你那么不开窍,要我几分钟就做完了。""你跟某某一样缺心眼儿,看他那巴结相。"这些话无论是谁听了都不会痛快,显然是大大损伤了别人的面子。

《圣经·马太福音》中说:"你希望别人怎样对待你,你就应该怎样对待别人。"真正有远见的人不仅在与同事一点一滴的日常交往中为自己积累最大限度的"人缘儿",同时也会给对方留有相当大的回旋余地。给别人留点面子,实际也就是给自己挣面子,为自己的工作加干劲儿。

但在工作中我们也常常发现许多人喜欢摆架子、我行我素,喜欢在众人面前指责同事或下属,却没有考虑到是否伤了别人的自尊心。其实,只要多考虑几分钟,讲几句关心的话,为他人设身处地想一下,就可以避免许多不愉快场面的出现。

陈刚是某大型企业的一个部门经理，拥有令人羡慕的教育背景和过硬的工作能力。由他负责的资产部在其带领下，成功地完成了好几个大型并购案例。在公司会议上，他也总能提出很多对公司发展前景有利的好点子。可以说，这样的人是公司不可多得的人才，是公司的新锐精英。

但是，在最近几次的部门主管业绩考核上，陈刚的考核结果让人大跌眼镜，甚至连有的部门科员都不如。陈刚为此非常不解，一次与亲近的同事聊到这个话题时，不由得发出这样的感慨："为什么我的能力这么强、对公司又有这么大的贡献，反倒得不到同事的支持与认可呢？难道是同事嫉妒我？"同事安慰他说："这只能说明你的人气还不够高，并不意味着你的能力不够，也不能说明你对公司的贡献就不多。"

听同事这么一说，陈刚不由得回想起自己近几年来的工作状况，可以说，多说、多做、多下命令就是对其工作的最贴切描述。每当开展一项工作时，他只是要求下属执行自己下达的任务，而从来不会细致地询问具体由谁来执行此项任务，也不会细致地过问员工的工作进度如何。与同级部门合作时，他也总是始终占据着指挥位置，在他看来，自己的工作能力要远远高于他人，即便是对待别人的献计献策，也会表现出一副独断专行的架势，很难容得了别人的发言与见解。而他在公司会议上说出的那些意见，虽说表面上看没有太大问题，但是其中还隐藏着不少问题。只是因为公司老总爱惜他的才华而将他的方案作了一些修改，才使他的方案得以实施。

想到这里，陈刚似乎也渐渐明白了其中原因。决定在以后工作中要不断收敛自己的个性，把自己的工作尽量做到最好，同时给同事留足面子。因为只有这样，才能得到同事和下属的鼎力支持，才能让自己工作路子更宽，人脉更广，做得更顺利。

工作中，要学会表现自己，学会展现自己才能，展示自己的魅力，但是要适可而止，不能让同事觉得你很出格，惹得同事反感，也不能伤害了别人的自尊，损害了别人的面子，更要切记不要和同事或客户发生正面

冲突。

人都有自尊心,正面冲突很容易撕破面子,伤害彼此的感情。有的隔阂可能会因此而持续很长一段时间,从而影响到以后的工作。有时候,某些矛盾并不是因为团队整体利益而起,而是因私人的一些鸡毛蒜皮而钩心斗角。

阿伟是一家工厂的人力资源部负责人,厂里的大部分员工都是阿伟亲自面试招来的。阿伟与他们的关系都还不错。其中有一位老技术员,是阿伟千方百计挖来的。这名老技术员有着十几年的行业经验,专业技术相当过硬,是那种可以实实在在为企业创造效益的优秀员工。阿伟很尊重这名老技术员,平日都以老大哥称呼。

忽然有一天,老大哥告诉阿伟,他已经给车间主任打了辞职报告,准备走人了。阿伟一听,大吃一惊,连忙问原因。因为阿伟清楚,这位老大哥踏实努力,工作中不会偷懒,而且他耿直善良,不会随便辞职不干的。结果很出乎阿伟的意料,老大哥想离开的原因仅仅是因为新来的一名技术员处处与他作对,有时甚至是故意与他抬杠,使他非常郁闷,想着息事宁人,也就不愿意去计较这些。然而,事情越来越糟糕,老大哥不想再这样缠斗下去,干脆辞职走人。

得知原因后,阿伟开始极力挽留:"如果你的身体还吃得消,领导又不舍得放弃你的话,就安安心心在这里干吧。各人干各人的工作,不理会他就行了。如果他非要找你麻烦,以你的资历,用不着处处忍让,找车间主任反映,这是为了工作,不是告黑状,让你们的领导出面解决。"

后来老大哥的一席话令阿伟郁闷了半天,也想了半天。老大哥说:"有什么可说的呢?车间主任不喜欢我们这些员工去他的办公室。他有他自己的事情,领导忙,这点我当然能理解,而且我也不想往他办公室跑,也不想为这点小事情去麻烦领导。再说了,车间里要是有个风吹草动,别人就会以为是我在打小报告。"

相信这位"老大哥"离开后,那位故意为难他的技术员并不会因此而受到重用，得到提升。相反，他的挤走别人的举动只会让他失去领导的信任，使他的晋升更难。

有很多时候工作效率低下就是因为这些不善于合作、不利于团结的人在“内耗”引起的。一些想干事、能干事的人是不会卷入这种无谓的“内耗”中的，他们宁愿选择辞职跳槽来避开“内耗”。他们到新的地方还会有更好的发展，而留下来的人却结局难料。所以，无论任何时候都不要太争强好胜，要学会给别人留面子，和睦相处，团结一心，这样才能让自己的路子更宽广。

在某家企业，两个部门主管为了各自的利益，经常明争暗斗，弄得上上下下怨声载道。最后，老总实在是忍无可忍，在多次协调不见成效的情况下，只能下狠心把两位元老一并清除。

可见，不给别人面子就会堵了自己的路子，甚至毁了自己的职业前途。所以，学会谦和待人，宽容待人，处处给别人留面子，等于是在给自己创路子。俗话说“多个朋友多条路”，当你把每一个人都当成朋友，你的职场之路自然越走越宽。

3 选对帮手，强大自己

很多成功的人都善于借用别人的智慧，像有些公司就专门聘用高级顾问，做重大决策之前必先开会讨论，遇有特殊事件，必找专家研究，这就是在借用别人的智慧。因此也可以说，他们因为善于借用别人的智慧而得以成功，或提早成功！

借用别人的智慧来做事，不仅可以把事情做得又快又好，还可以使你避免主观、武断！主观、武断虽然可能做出大事，但失败的概率相对也大，

这也就是一些自视甚高,不听他人之言者最大的悲哀!

非洲有一种体积很大的鸟,能像鹰一样高高地飞翔。可是在无风的天气,人们却可以轻易地抓到它,因为它们飞翔时要借助一定的风力的,没有风的时候它们是飞不起来的。只有凭借风力,它们才能飞得又高又远。

善于合作才能取得事业的成功。一个缺乏合作精神的人,事业上难有建树,也难在激烈的竞争中立于不败之地。

“合作”、“共赢”这样的词,在当今的国际社会和外交中已经屡见不鲜,它们已经成为人类谋求发展的共识。在我们事业的发展中,善于合作同样有着非凡的价值。一个缺乏合作精神的人,事业上难有建树,也难在激烈的竞争中立于不败之地。没有全能的个人,只有完美的团队,只有合作才能更容易成功,而且是让大家一起成功。从某种意义上讲,帮别人就是帮自己,合则共存,分则俱损。如果因为心胸狭隘,单枪匹马去干事,而放着身边的人力资源不去利用,结果只能是事倍功半,甚至更糟。

有一个与邻居素无往来的人,他的家门口放着一堆石头,他想将它们全部移开。当只剩下最后也是最大的一块石头时,他用尽全力还是没法移开,他非常沮丧。这时站在一边看了很久的邻居笑了笑说:“你没有尽全力。”主人疑惑地看着邻居,这时邻居又说了:“因为你没有请我帮忙呀!”

很多时候我们都以为自己已经竭尽全力,却并没有认真地想一想还有谁可以帮忙的?也许只需要你说一个“请”字,一切问题都会迎刃而解,事情就会圆满和顺利。

哲学家威廉·詹姆士曾经说过:“如果你能够使别人乐意和你合作,不论做任何事情,你都可以无往不胜。”这才是真正明白合作的意义,善于借力,从而成就自己的事业的秘密。也正是很多伟大的领导人之所以能成就伟业的原因。

一个人去买鹦鹉,看到一只鹦鹉前标:“此鹦鹉会两门语言,售价二百元。”另一只鹦鹉前则标道:“此鹦鹉会四门语言,售价四百元。”该买哪只呢?两只都毛色光鲜,非常灵活可爱。这人转啊转,拿不定主意。结果突然发现一只老掉了牙的鹦鹉,毛色暗淡散乱,标价八百元。这人赶紧将老板叫来:“这只鹦鹉是不是会说八门语言?"店主说:"不。"这人奇怪了:"那为什么又老又丑,又没有能力,会值这个数呢?"店主回答:"因为另外两只鹦鹉叫这只为鹦鹉老板。"

真正的领导人,不一定自己能力有多强,只要懂信任,懂放权,懂珍惜,就能团结比自己更强的力量,从而提升自己的身价。赢得人生和事业的成功。

西汉时期的刘邦,运筹帷幄比不上张良、萧何;带兵打仗比不上项羽、韩信。可他却获得了天下,原因就在于他善于听取别人的意见,借助他人的智慧。刘邦在建国后的一次庆功会上,曾向群臣解释说:"夫运筹帷幄之中,决胜千里之外,吾不如子房(张良);镇国家,抚百姓,给饷馈,不绝粮道,吾不如萧何;连百万之众,战必胜,攻必取,吾不如韩信。三者皆人杰,吾能用之,此吾所以取天下者也。项羽有一范增而不能用,此所以为吾擒也。"

然而,与刘邦恰恰相反的是,《三国演义》中马谡,这人可以称得上是一个满腹经纶,熟读兵书战略的风云人物。在蜀军平定西南时,马谡曾向诸葛亮提出富有战略远见的正确建议——"攻心为上",足见其韬略之深,可是当他身为街亭之战的主将时,却因为听不进别人的意见,导致街亭失守,酿造了一出不应该发生的悲剧。

当时,与他一起领兵的大将王平,曾一再劝说他不要屯兵于山丘之上,可马谡自以为聪明,听不进任何人的意见,更谈不上借用他人的智慧,结果街亭失守,自己的性命也白白地葬送了。

一个人,不管他的能耐有多大,其智慧和才能都是有限的。唯有借助他人的能力和智慧,取长补短,为我所用,才能广采博集,摘取成功的果实。所以,找对帮手,是强大自己的最有利的武器,就像刘邦一样。

俗话说:"一个篱笆三个桩,一个好汉三个帮。""在家靠父母,出门靠朋友。"借助他人的力量,才能使自己更强大。

《水浒传》中的宋江,原本只是山东郓城县的一个小吏,然而,这样一个小人物,摇身一变竟成为威震四方的英雄,名噪一时,靠的是什么?是朋友!是武松、林冲、李逵等人!如果没有

他们，宋江能摆脱小人物的命运吗？

红顶商人胡雪岩曾说过："一个人的力量到底是有限的，就算有三头六臂，又办得了多少事？要成大事，全靠和衷共济，说起来我一无所有，有的只是朋友。"一个能成大事的人，关键不在于他自身的能力有多强，而在于他借助别人的力量有多大。

周之发在大学里学的是计算机专业，进入一家软件开发公司半年后，被选进了一个重要的研发小组，并担任组长。他不禁有些沾沾自喜，甚至骄傲起来。但他很快就发现，有些人虽然计算机应用能力不如他强，却具有丰富的研发经验和卓越的研发能力。比如其貌不扬的高小平，虽然平时寡言少语，但拿出来的方案却闪耀着智慧的光芒，让许多自诩科班出身的人自惭形秽。

周之发开始意识到单靠个人的力量，这个研发课题是很难攻克的，只有与人合作，才有望取得成功。于是，他立刻放下架子，一边暗中努力学习，一边虚心向别人请教。他还和高小平成了工作中的好搭档，生活中的好朋友，经常是别人都下班了，他们两人还在讨论工作。在他们的共同努力下，这个课题很快就被攻克下来了，周之发的业务能力也大为提高，自然赢得了上司的青睐。

人是最大的资源，不管做什么事情，都要有人的因素。被称为"赚钱之神"的邱永汉说："失去财产，仍有从头再做生意的机会；失去朋友，就没有第二次机会了。"

世界潜能大师陈安之在《超级成功学》中阐述了 167 个超级成功的观点，其中第 19 条便是成功靠别人而不是靠自己。陈安之认为成功有三个因素：帮成功者工作，与成功者合作，请成功者为你工作。假如你可以掌握这三项因素，一定会加速你成功的脚步。

乍听起来这个观点是有点不可思议，但是仔细琢磨，其实是非常有道理的。世界首富比尔·盖茨经常被问到："如何成为世界首富？"他每一次的回答都是"因为我请了一群比我聪明的人来帮我工作"。所以说，一个人的成功并不取决于他自己的力量有多大，而是取决于他能够借助别人力量的能力有多强。很多人都认为，成功靠自己，事实上，靠一个人的力量能做多少事情呢？如今早已不是靠一个人单枪匹马闯天下的时代了，一个人再有能耐，其力量也是渺小的，如同水滴之于大海。所以，只有善于借助别人的力量，才能最快到达目的地。

4 曲则全，枉则正

立身处世自力更生、自立自强是对的，经常求人会使你缺少尊严，让别人感到很厌烦。但社会毕竟是个群体，有许多事情不能独立完成。一个人的能力有限，当你处于顺境的时候，不会想到逆境的艰难，便轻言自己不求人，可人生变化无常，很难所有问题都自己扛。

一个瘸子在马路上偶然遇见了一个瞎子，只见瞎子正满怀希望地期待着有人来带他行走。

“嘿，”瘸子说，“一起走好吗？我也是一个有困难的人，也不能独自行走。你看上去身材魁梧，力气一定很大。你背着我，这样我就可以给你指路了。你坚实的腿脚就是我的腿脚；我明亮的眼睛也就成了你的眼睛了。”

于是，瘸子将拐杖握在手里，趴在了瞎子那宽阔的肩膀上。两人步调一致，达到了一人不能实现的目标。

团结起来力量大，瞎子和瘸子一合作就解决了所有的问题。其实职场更是如此，谁都不可能是全能的，只有互相合作，才能无往不胜。遇事和同事一起干，比、学、赶、帮、超，还可以间或逗逗乐子。很多事就不只得到了结果，工作的过程可以更丰富多彩。何况，积极地求助，取长补短，互通有无，能让我们一起变得更强大。求助别人还会让别人感觉到你的信赖，从而使同事之间关系融洽。

频繁的、各种各样的求助以及施惠于人可以帮我们结交朋友，赶走孤

独，更会让我们取长补短，赢得成功。有些员工自恃清高，不愿求人，觉得这样让自己低声下气，丢了面子，受了委屈。这种想法其实是没有必要的。老子说："曲则全，枉则正。"做人做事要经得起冤枉，受得住委屈，才能使事理得到伸张、纠正。也就是胸怀宽广才能广结人脉。

胸怀大度，就不会斤斤计较，不会怕受委屈，不会睚眦必报，而是以德报怨，化干戈为玉帛，一笑泯恩仇，彻底消除嫌怨。这样就可以不生怨，就消除了结怨的根源，就能与每一个人都和谐相处，互帮互助，合作共赢，也只有这样的人才能广结人脉，四处交友。如果以怨报怨，必成大怨，冤冤相报何时了？所以，以德报怨，正是许多人成功的秘诀。

以德报怨，中国历史上最为典型的事例就是司马迁。作为中国古代伟大的历史学家，他由于为西汉名将李广之孙李陵说了几句同情的话，就遭宫刑之灾。奇耻大辱使他几次想过自杀，但为了完成父亲临终前的托付，他忍辱负重，倾注毕生精力与才华撰写完成了《史记》这一千古名著，为中华民族留下了一笔宝贵的历史遗产。他的精神动力源自何处？正如他自己所说："耻辱者，勇之决也！"意思是如何对待耻辱，是判断一个人是否勇敢的一个重要标准。司马迁能够"隐忍苟活"，是因为《史记》尚未完稿。功名富贵一时留，道德文章千古在。司马迁想到历史上"盖文王拘而演《周易》；仲尼厄而作《春秋》；屈原放逐乃赋《离骚》；左丘失明，厥有《国语》；孙子膑脚，兵法修列；不韦迁蜀，世传《吕览》；韩非囚秦，《说难》、《孤愤》；《诗》三百篇，大抵贤圣发愤之所为作也"。正因如此，司马迁把个人恩怨放在一边，据实撰写《史记》，有一说一，有二说二，绝不挟史笔以泄私愤，对汉武帝的描写也全都实事求是，并不曾有半点歪曲以报遭受宫刑之私怨，这种做人的境界何其高远！

以德报怨，反映了一个人的心胸，是高尚品格的体现，是以礼对待非礼，以仁对待非仁的境界，是从容自信风度的流露，表现了容人、容事、容天下的肚量。那些小肚鸡肠的人，斤斤计较的人，难以得到真正的友谊，也不太可能得到真正的成功。

赞美别人，是很多员工不屑于去做的事情，但实际上，不论是在职场上还是在社会生活中，真诚的赞许是十分重要的。

美国著名女企业家玛丽凯曾说过："世界上有两件东西比金钱和性更为人们所需要——认可与赞美。"金钱在调动下属们的积极性方面不是万能的，而赞美却恰好可以弥补它的不足。因为生活中的每一个人，都有较强的自尊心和荣誉感。我们对他们真诚的表扬与赞同，就是对他们价值的最好承认和重视。

韩国某大型公司的一名清洁工，本来是一个被人忽视、被人瞧不起的角色，但就是这样一个人，却在一天晚上公司保险箱被窃时，与小偷进行了殊死搏斗。

事后，有人问他的动机时，他的回答却出人意料。他说："公司的总经理从我身旁经过时，总会不时地称赞我'你扫的地真干净'。"

仅仅是这样一句简简单单的话，就使这名员工受到了感动，并愿意为之与小偷做殊死搏斗。

作为一名领导者，经常称赞下属，会令下属感到愉悦，更愿意为了自己和企业的利益而忙碌。尤其是对外人称赞下属，会让人觉得上司是一个有能力的人。这种称赞会辗转传到下属的耳朵，他由此得到的快乐要比上司直接称赞他多几倍，自然他会更热爱工作。这种赞许换来的效果远比上司费力地不断训斥他得到的效果要好上许多，也远比斥责更能提高企业的效益。

欣赏和赞美别人是处理好人际关系的一件利器，是人际关系不可缺少的催化剂，也是上司激励下属的有效方法。所以，不论普通员工，还是企业的管理者，都应该给他人多一些欣赏和赞美，少一点责备，这是员工更快速高效完成工作应具备的一种能力，也是领导者和管理者必须具备的能力。在这种良性的人际关系之下，相信个人的付出一定也能得到更大的回报，忙碌才能更具成效。

在工作中，赞美他人并以此委婉向他人求助，可以快速、有效地解决问题，进而提高自己的工作效率。陌生人之间的求助会一下子缩短距离，让人熟悉起来，互相得到帮助甚至是温暖。所以，需要的时候，大胆地求助别人吧，不要害羞，不要顾虑，不要怕委屈，记住"曲则全，枉则正"，即使有过被拒绝，但还是得到的多。只要你真挚、大方、坦诚，相信一定会得到你想要的帮助的。

5

提防小人,免受其害

我们经常会提到一个词儿“小人”。那么,什么是“小人”?一直以来都没有一个明确的定义来界定,甚至有人认为,倘若能说得清定义,那“小人”也就没有那么可恶了。小人是一种很难定位和把握的存在,约略能说的只是,这个“小”,既不是指年龄,也不是指地位。

在欧洲的一个和睦村庄,当地村民数百年来一直亲如一家。可是突然一天,这一切都发生了变化。本来一见面都要真诚地道一声“早安”的村民们,现在都怒目相向。一段时间过后,甚至家家户户都成了仇敌,挑衅、殴斗、报复、诅咒天天充斥着整个村庄。大家都在想方设法准备逃离这个令人恐怖的地方。

看到一段时间来村里发生的一切,教堂的神父产生了疑惑,于是花了很大精力来调查其中的缘由。终于,真相大白。

原来,不久前刚搬到村子里来的一位巡警的妻子是个爱搬弄是非的长舌妇,而村庄的混乱都由她不负责任的窃窃私语引起。当村民们得知一切都不是实情而只是这个女人的搬弄是非时,他们决定不再理这个女人。不久,这个女人搬走了。

这个女人很显然是典型的小人,伤人于无形。小人会对我们的生活产生很大的负面影响,职场上也同样如此。

职场中的人际关系对工作的影响之大谁都知道,但谁都不能保证职场无小人。也许你的工作能力十分突出,工作业绩十分了得,但有了小人从中作梗,你的工作完成得再圆满也会变得不圆满,甚至功劳会变成罪过。

张丽在武汉一家大型企业任董事长助理,由于其工作出色,能力突出,董事长在公司大会上,给予张丽极高赞誉,但这却引起一些同事兼竞争对手的嫉妒。

前不久，董事长要求每一家分公司必须写年终总结，该任务由张丽上传下达。张丽在武昌分公司安排任务，其负责人态度冷漠，回应道：“知道了。”

两天后，董事长向武昌分公司负责人问起此事时，负责人称：“张丽并没有布置该项任务，我不知道。”张丽因此被董事长狠狠地批评了一顿，受了冤枉，但却有苦说不出。

现今职场的许多员工，最头痛也最无可奈何的就是人际关系，最怕的也就是一些职场小人。复杂的人际关系，致使许多员工即使笼罩在英语八级、名牌院校、硕士、博士等诸多光环下，仍然不能取得个人职业的发展，并对自身职业充满困惑。而这些却正是职业人寻求发展个人职业发展过程中必须提升的能力，也是摆脱被工作追着跑的尴尬局面的关键所在。

要避开职场上的“小人”，理顺职场上的各种关系，免受其害，首先在思想上要“接受”当前企业中“办公室政治”的现状，由于“人性弱点”的多样性及隐蔽性，“办公室政治”是不可预见和完全避免的，不要试图改变(找领导反映、发牢骚)或逃避(离职)它，这都是错误的行为，应该明白只要有人的地方就有“江湖”。

其次，为了适应必须接受的环境，需要在工作中努力提升处理突发事件的能力，逐步将处理事情时的感性方式转变为理性方式。

就像某位哲人说的那样，“磨难是化了妆的幸福”。对任何磨难都不必畏惧，任何困难都是可以克服的。但如果不提防“小人”，失败也许就不可避免。

一只小鸟正在飞往南方过冬的途中。天气太冷了，小鸟冻僵了，从天上掉下来，跌在一大片农田里。它躺在田里的时候，一头母牛走了过来，而且拉了一泡屎在它身上。冻僵的小鸟躺在牛屎堆里，发现牛粪真是太温暖了。牛粪让它慢慢缓过劲儿来了！它躺在那儿，又暖和又开心，不久就开始高兴地唱起歌来了。一只路过的猫听到了小鸟的歌声，走过来看个究竟。顺着声音，猫发现了躲在牛粪中的小鸟，它就非常敏捷地将小鸟刨了出来，并把它给吃了！

俗话说："害人之心不可有，防人之心不可无"。如上述寓言中小鸟的境遇，很多职场人都有经历，如果不懂得防人，就很容易招来如这只猫一样的小人，并最终毁掉自己。因为小人不会在自己的脸上刻上"小人"二字，反而会伪装成谦谦君子，让你防不胜防。古人又说："逢人且说三分话，不可全抛一片心。"确实，害人之心不可有，防人之心不可无，要知道明枪易躲，暗箭难防啊，因此，看清职场环境，提防身边小人，保护自己免受其害才能让工作更快更好地完成，从而把握工作的主动权。

每个地方都有小人，职场也不例外。通常，小人做人处事不太厚道，常以卑鄙手段达成目的。与小人相处，稍不谨慎，就会吃大亏，因此学会分辨小人，非常重要。那么，我们应该如何与小人相处？

(1)不要得罪小人。千万不要因为蠢蠢欲动的正义感而独自公开揭发他们的行为，小人从不认为自己奸诈不厚道，他们敏感度高，眼锐如鹰，舌利如剑，因此，不要轻易明目张胆地将自己置于他们的对立面；

(2)和他们保持距离。保持平淡的表面关系，千万不要亲密如友，因为小人口蜜腹剑，翻脸无情，一旦有变便会让你措手不及，甚至吃不完兜着走；

(3)交往谨慎，与之客套寒暄即可。如果你批评或谈别人隐私，绝对会变成他们兴风作浪的把柄，或是作为日后报复你的筹码；如果他们批评或谈别人隐私，你要立刻中止，一句都不要听，因为无论如何，他们绝对会嫁祸于你。

(4)不要有利益往来。他们善于交际搞小圈子，看起来很热闹很好相处，但是你千万不要靠他们获得利益，否则你只会因小失大，得不偿失。

(5)吃些小亏也无妨。倘若你总与小人纠结于微小的得失，那你不但很难讨回公道，反而会结下更大的仇恨；他们褊狭阴狠，跟你没完没了，你反而更累。相信那句古话："忍一时风平浪静，退一步海阔天空。"与小人共处就是一种修行，修行好了则能使你成长，工作顺利，赢得更多的尊敬；反之你的职场生涯只会一片混乱，终日叫苦不迭。

第六章

把工作做到位:用对的方法来做事

常言道:“差之毫厘,谬以千里。”同样,在工作中重要的不是你做了多少事,而是你做对了多少事。员工只有把工作做到位,才能提高自己的工作效率,才能获得更多的发展机会,才能把握工作的主动权,才能在自己的职业生涯中获得成功。

1 找准定位，把手头的工作做好

要想不被工作追着跑，员工首先要做的就是准确地找到自己的位置，定好位，站稳位，不错位，这样才能将手头的工作做好甚至将工作超额完成。

每个人都想要一个最适合自己的位置，但是这个位置总隐藏在迷雾当中。有很多人在短暂探索之后便主动放弃了，或者退而求其次。但事实证明，只有在最适合自己的位置上，我们才能发挥出自己的最佳水平。当我们兜了一个大圈子再回到自己的正确位置上来时，也许会为自己一时的放弃而唏嘘不已。

汽车大王福特从小就构想一种能够在路上行走的机器，可以用来代替牲口和人力。虽然全家人都要他在农场里做助手，但福特坚信自己可以成为一名机械师。于是他花了一年的时间完成了别人需要三年才能完成的机械式训练，而后他又花了两年多时间来研究蒸汽原理，试图实现他儿时的梦想，但并没有成功。后来他又把全部的精力投入到汽油机研究上来，梦想有朝一日能造出一部汽车。终于，他的创意得到了大发明家爱迪生的赏识，邀请他到底特律公司担任工程师。经过十年坚持不懈的努力，他终于成功地制造了第一台汽车引擎。福特的成功完全归功于他的正确定位和不懈努力。

找准定位，就是为自己设定一个行动目标，并通过坚持不懈的努力去实现自己的人生理想。一个人能否成功，不在于他拥有多少有利条件，而

在于他如何认识和期待自己。一个准确的定位，有利于激励自己的进取心，是鼓励自己一开始就做对的关键因素。

不同的人有不同的定位，不同的定位能促使你成就不同的人生。比如有的人渴望成为一名外交家，他就会着重挖掘自己这方面的潜能，补充与之相关的知识；有的人想当一名数学家，他就会刻意地培养自己的逻辑思维能力、计算能力等相关能力；有的人想当一名光荣的教师，他就会在提高自己的知识水平的基础上，有意识地培养自己的耐心和口头表达能力。因此只有合适的定位，才能最大限度地调动一个人的积极性，发掘他的潜能。

吴军，今年29岁，原为某商贸公司的经理，现为某会计事务所资深注册会计师，我们来看看他的自述：

“我是学财会专业的，26岁那年考上了注册会计师，当时是我们事务所里最年轻的会计师。日子过得很顺利，我也很喜欢这份工作。后来，我有一个朋友推荐我去一家商贸公司做人事经理，禁不起高薪的诱惑，而且我也很想尝试一下全新的工作，于是就决定过去了。

但是做经理人的那段时间，我十分苦闷。困扰我的倒不是繁重的业务，而是内务管理工作。我承认，这是我个性的弱点，不善于管理人、支配人，尤其是对待熟悉的人。与同事在一起我始终无法把自己放到管理者的位置上。与“管理”他们相比我更愿意与他们合作。但是有些人、有些事缺少管理是不行的。每当遇到这方面的问题，我总是倍感为难，不知该如何下手，如何掌握，我真的不会发号施令。有些时候，为了避免麻烦，待人总是不想让人难堪和为难，我只好自己去干工作，这样一来，一方面影响到了正常的工作程序，另外对我也是一个很沉重的负担。

为此我找了很多管理方面的书籍，企图从中找到出路；我也去参加过一些管理培训，寻求管理精髓。但是经过几番的努力，我仍然没有什么改变，我仍旧缺少领导手段。因此，我很是苦恼，我不明白，为什么工作一向优秀的我在人事管理方面如此糟糕。

后来我才明白，我并不适合这份工作，于是我还是干了我的老本行,做起了我的注册会计师。"

如果你用心观察就会发现,很多人事业失败并不是因为能力欠缺,而是选择了不适合自己的工作。即使在短时间内他们的事业会蒸蒸日上,但在这个并不适合自己的工作中,竞争的加剧会让他们一直疲于奔命,永远无法体会如愿以偿的感觉,永远不会真正地满足、快乐。这个错误的选择,将对这些"入错行"的人的一生产生重大的影响。只有给自己定好位,才能更好地明确自己能干什么,会干什么,适合干什么,从而使自己了解自己的能力,清楚自己的目标,不再好高骛远,不再这山望着那山高,而是老老实实把自己手头的工作做好。

工作中最重要的就是不要去看远方模糊的事,而要做手边清楚的事。当我们决心把手头的事做好时,我们就有了明确的目标,就会知道哪些事应优先处理,在遇到困难时也就不会轻易动摇。因此,工作就会变得井井有条,轻松简单多了。

纽约证券公司的金领丽人苏珊出身于台北的一个音乐世家,她从小就受到了很好的音乐启蒙,她也非常喜欢音乐,期望自己能够一生驰骋在音乐的广阔天地中。但她却阴差阳错地考进了大学的工商管理系。一向认真的她,尽管不喜欢这一专业,但还是学得很认真,每学期各科成绩均优异。毕业时,她被保送到麻省理工学院,并拿到了经济管理专业的博士学位。

如今已是美国证券界风云人物的她,依然心存遗憾地说:"老实说,迄今为止,我仍不喜欢自己所从事的工作。如果能够让我重新选择,我会毫不犹豫地选择音乐。但我知道那只能是一个美好的'假如'了,我只能把手头的工作做好……"

有人问她:"你不喜欢你的专业,为何你学得那么棒?不喜欢眼下的工作,为何你又做得那么优秀?"

"当我工作时,我就没有想过喜欢与不喜欢了,我想的只是尽全力把我手头的工作做好!"

苏珊的话很耐人寻味——"把手头的工作做好",这句话表明了她对自己所从事的工作的敬重,说明她不甘平庸。正是"把手头的工作做好"的敬业精神,让她获得了令人瞩目的成就。罗勃·史蒂文说过:"不论工作有多苦,每个人都能做他那一天的工作,每一个人都能很甜美、很有耐

心、很可爱、很纯洁地活到太阳下山,而这就是生命的真谛。”

对每一个人来说,当下都是最重要的。把手头的工作做到最好,才有机会看到更远处的风景。

2

不要一味迷信“权威”

在《现代汉语词典》中,权威指的是“使人信从的力量和威望”,或者是“在某种范围里最有地位的人或事物”。对于这些权威,我们应该尊重,但是绝对不要盲从。因为盲目追随权威也会有出错的时候。

一味迷信权威,我们就会丧失自我思考能力,行动就会不自觉地被专家们的论断束缚,迷信权威是阻碍一个人发展的敌人。不论任何事情,我们首先要相信自己,坚持自己的想法,才能跳出框框,发现新道路。

很多年以前,俄亥俄州辛辛那提联合铁路车站的灰泥墙上镶嵌着一幅壮观的壁画,画中生动地描绘了辛辛那提市的优美风景。

经过岁月的变迁,火车站因为年久失修,墙体开始不稳固,许多人都在猜想这个古老的火车站肯定难逃被拆除的命运。人们开始为这个火车站担忧起来,因为他们担心老车站墙壁上那幅精致的壁画会与车站一并毁掉,那将是多么大的损失,许多人都认为这么美的艺术品不该毁于一旦。

很多专家学者都认为:“如果车站要拆除的话,壁画是绝对保不住的。”大多数人听到这个结论后都暗自惋惜,然而,一个叫阿弗烈摩尔的人并不相信专家们的论断。

阿弗烈摩尔深知要想在拆车站时保存壁画并非易事,而且如果真要保全壁画的话，投入的人力、财力、物力是相当巨大的，但阿弗烈摩尔想，不管怎么样，一定有可行的保存方案。在他冥思苦想一周后，果然想出一个妙计，那就是把那幅长达20米左右的壁画迁离车站。

阿弗烈召集了许多有志之士，准备靠大家出钱出力打造两座巨型钢架，一座钢架用于套住墙壁的正面，使画面免于受损，再用另一座钢架套牢墙背。之后要做的就是弄松墙脚，并用大型起重机把整个墙壁吊起。这样一来，壁画就能全身而退了。阿弗烈打破了专家的预言，那面墙后来被立在一个新盖的机场里，供往来的游人欣赏。

如果人人都只会在专家的论断前沉默不语，那这个世界就无法进步了。专家的论断并不都是真理，如果专家说你不行，你就一定不行了吗？

很多时候，人们只是喜欢去仰望“权威”，把他们的每句话都奉为金科玉律。如果我们长期套用这种模式，并且将这种模式奉为己用，那么最后反而会陷入僵死的局面。因为盲目迷信权威，不但会迷失自我，还会让他人觉得你是一个容易被人牵着鼻子走的人。

俄国音乐家柴可夫斯基于1874年12月写完了《第一钢琴协奏曲》，最先是在当时俄国钢琴大师鲁宾斯坦面前弹奏的，结果鲁宾斯坦当场就将这部乐曲批评得一无是处，并且要求其彻底修改才有可能公开演奏。柴可夫斯基相当不服气，说：“我一个音符也不愿修改，就要照现在的样子原封不动地拿去出版。”

结果，《第一钢琴协奏曲》却最先在美国波士顿获得巨大成功。如果当初柴可夫斯基对自己的作品没有信心，又迷信权威，也许就没有这部名曲传世了。

善于怀疑、独立思考的人，是聪明人。这样的人通常都有自己的见解，而且这种正确的判断力也会将他们带到更远更高的地方。

另外，我们在尊重权威的同时，还要保有自己的思想，不应盲从。权威也有错的时候，实践才是检验真理的唯一标准。巴菲特曾说过：要相信自己的判断，我的投资就完全取决于自己的判断，只要是我感觉能够赚钱的股票就一定会大胆地购买。

股神巴菲特之所以对所谓的专家意见嗤之以鼻，是因为他

完全不相信这个世界有能够完全准确地预测市场走势的人。他曾经给投资者讲过这样一个故事:

一个人拿出10张图片,让被测试的人选出他认为最漂亮的一张,然后看看哪位被测试者选出的照片能得到大家的公认。所有被测试者在听完了介绍之后,在选择时都放弃了自己的审美观点,都不去选择自己认为最漂亮的那幅画,而是考虑哪张图片是大家都喜欢的。

巴菲特希望通过这个故事告诉投资者,预测市场走向是非常荒谬的。因为在股市中,那些所谓的专家在进行投资判断时也会受到他人的影响,他的预测不是自己的意见,而是综合了市场上所有观点之后得出来的。所以他们给出的观点绝对不能作为投资者的投资指南,他们的预测只是反映了市场的一个现状而已,只能作为参考。

对于那些号称自己能够准确预测市场的专家,巴菲特曾经说过一句玩笑话,他说:"如果他真的能够预测市场,那么即使他只有1美元也足以颠覆整个股市了。如果投资者每天在投资的时候,脑中充斥着各种各样意见,将很难有大的收益。"

就像巴菲特一再强调的那样,大多数人的意见并不一定是对的,想要在投资的路上越走越远,获得高收益就要坚持自己的判断,拒绝随波逐流。

所以面对权威,我们一定要有自己的思考。否则,最后受损的人还是自己。不轻信专家的话并非是狂妄自大,而是在尊重权威的情况下,保持清醒的头脑和敢于怀疑的精神,只有自己才是决策的主人。

3

变通地解决工作中的难题

不少员工在工作中遇到问题的时候，总习惯拿过去的经验处理新问题，殊不知问题的性质已经发生了改变，过去的经验是无法解决新问题的，唯有不断更新方法，与时俱进，方能将新问题解决，同时获得更好的收益。

事情是不断变化发展的，问题也不例外，为了能更好地解决问题，应该学会具体问题具体分析，因时、因地制宜，懂得及时更换自己的酒瓶来盛装新酒，只有不断地更新我们的方法，才能更好地将问题解决掉，自己也能从中获得更好的发展。

彭奈对"货真价实"的解释并不是"物美价廉"，而是什么价钱买什么货。他有一个与众不同的做法，那就是把顾客当成自己人，事先说明货品等次。关于这一点，他对店员要求非常严格，并对他们进行短期训练。

一天，一个中年男子到他的店里买搅蛋器。店员问："先生，你是想要好一点的，还是要次一点的？"

那位男子听了显然有些不高兴，不悦地说："当然是要好的，不好的东西谁要？"

于是，店员就将店内最好的"多佛"牌搅蛋器拿出来给他看。

男子看了看，问道："这是店里最好的吗？"

"是的，先生，而且是牌子最老的。"店员回答说。

"多少钱？"男子问道，

"120 元。"店员回答说。

"什么？为什么这么贵？我听说最好的才六十几块钱。"男子显然对这价格不满意。

“六十几块钱的我们店里也有，但那不是最好的。”店员解释道。

“可是也不至于差这么多呀！”男子反问道。

“我们店里还有十几块钱一个的呢。”店员解释说。

男子听了店员的话，马上面露不悦之色，立即掉头离去。

这时，彭奈急忙赶了过去，对男子说道：“先生，您想买搅蛋器是不是，我来介绍一种好产品给您。”

男子一听这话，仿佛又来了兴趣，便问道：“什么样的？”

彭奈随即拿出另外一种牌子的来，说：“就是这一种，请您看一看，样式还不错吧？”

男子看了看，便问道：“多少钱？”

“54 元。”彭奈回答道。

“照刚才那位店员的说法，这一定不是最好的，我不要。”男子不悦地说道。

“那是我的店员没跟您说清楚，其实搅拌器有好多种牌子，每种牌子都有最好的货色，我拿给您的这种，是这个牌子中最好的。”彭奈解释道。

“可是为什么这种牌子的跟多佛牌的差那么多钱？”男子不解地问道。

“哦，这是制造成本的关系。每种品牌的机器构造不一样，所用的材料也不同，所以在价格上会有所出入。多佛牌的价格高，是由两个因素决定的：一是它的牌子信誉好，二是它的容量大，适合做糕点。”彭奈耐心地解释道。

男子的脸色缓和了很多，说：“原来是这样呀！”

彭奈接着说：“其实，现在有很多人喜欢用这种新牌子，就拿我说吧，我用的就是这种牌子，性能并不怎么差，而且它有一个最大的优点：体积小，使用起来方便，一般家庭用最适合。您家里有多少人？”

“5 个。”男子回答道。

“那再合适不过了，我看您就拿这个回去用吧，保证不会让您失望的。”

于是,那位男子便拿着彭奈推荐的搅蛋器满意地走了。

之后,彭奈对店员说:“你知道你今天的失误在哪儿吗?”

店员愣愣地站在那里,显然不知道自己错在什么地方。

“你错在太强调‘最好’这一观念上。”彭奈笑着说。

“可是,您经常告诫我们,要对顾客诚实,我的话并没有错呀!”店员反驳道。

“这点上你没有错,只是缺乏技巧。我的生意做成了,难道我对顾客有不诚实的地方吗?”彭奈说道。

店员摇摇头。彭奈接着又说:“除了说话的技巧外,还要摸清对方的心理,他一进门就要最好的,对不?这表示他优越感很强,可是一听价格太贵,他不肯承认舍不得买,自然会把不是推到我们做生意的头上,这是一般顾客的通病。假如你想做成这笔生意,就一定要换一种方法,在不损伤他优越感的前提下,让他买一种比较便宜的货。”

面对同一位顾客,推销同一件产品,店员的表现让顾客很生气,一点儿购买的欲望都没有;而彭奈却将产品成功推销给了顾客,并让他满意地走了。为什么会有如此大的差别?从彭奈对店员所说的话中,我们不难看出,两者之间的差别就在于方法的使用上,彭奈选择的是顺着顾客的心理推销产品,而店员则正好相反,结果自然不言自明。

我们常说变通制胜,就是不要一成不变,不要死钻牛角尖,而要随机应变,随势而动,灵活机变、适时变通。方法的改变、思想的变通,是解决问题的捷径,这是每一个想取得成功的人在面对困难时都必须牢记的。

所谓变通,就是指在处理各种事物时要灵活处理,而不是墨守成规和拘泥,从而达到变则通,通则灵,灵则达,达则成的理想效果。

有一次,一所学校图书馆的自来水设备出了故障,水溢得满地都是,致使许多珍贵的书都浸泡在积水中。设备修好了,可如何挽救被水泡湿了的书籍,成了大家的议题。如果采取一般的去湿方式,就会毁掉这些珍品,于是大家都在思考有没有别的办法。

有一位曾经从事过罐头生产的图书管理员看到这样的情况,就想:在制造罐头时,为排除水果中多余的水分,采用的是低

温存放和真空干燥的手段。如果把这些湿透的图书当成水果，能不能在同样的条件下，既蒸干湿书中的水分，又使图书完整无损呢？商量之后，大家按照这个主意，先将湿书放进冰箱中冷冻，然后放入真空干燥箱中。经过几天的奋战，奇迹出现了，湿漉漉的书籍散尽了水分，这批珍贵的图书终于完整地保存了下来。

这个世界上没有什么是一成不变的。寻找巧妙方法将困难解决，是每一个善于变通者的通用法则。

中国有句俗话："不能在一棵树上吊死。"这不正说明我们遇到问题应该变通吗？"条条大路通罗马"说的也是这个道理。

只要我们在想问题办事情时多换些角度，学会变通，就会发现，其实难题可以变得简单，痛苦和快乐也可以很容易转化。变通，这个解决问题的金钥匙，能使我们在职场的旅途上甩掉包袱，愉快前行。

4 先算计，才能应变自如

善于算计的人一定是有长远眼光的人，有前瞻性的人，对工作有良好把握的人。人们常说："走一步，看十步。"人生其实就是一场战役，尤其是对于即将三十而立的人来说，前瞻性的眼光是最基本的，也是最关键的。它是一种战略眼光，在战役打响之前，如果你没有制定好一个战略，那么成功的可能性就微乎其微。事实证明，只有那些拥有前瞻性眼光的人才能成为行业的先驱。

不可否认，面对未知的未来，没有人能够准确把握。能预测未来态势的人往往能获得巨大的成功。

当年北京阜成门外的万通市场由于定位不准，开业不久就歇业了。经过重新定位以后，万通改成了批发市场，但在刚开始的时候依旧无人问津，只好再次歇业。这时候，有一位名叫陈海珍的女子看中了这块交通十分便利、又正在歇业的万通市场。

陈海珍当时刚刚从单位离职出来，手里并没有多少钱，但她认为，交通如此便利的阜成门有这么大的市场，肯定会有很大的升值潜力，一定能够让自己大显身手。而恰逢此时，万通市场原先的摊主正在以极低的价位甩摊，到处贴着招租、转让的广告。

尽管陈海珍并没有做过什么大生意，但是她下定了决心，回老家借了二十几万块钱，迅速以极低的价格收购了十几个位置非常好的摊位。此时卖给她摊位的那些人还幸灾乐祸，心里想："连我们都不要的摊位，你还敢花钱买下，真是个傻丫头。"

面对旁人的不解，陈海珍一声不吭，收购了十几个摊位后，她马上进行了调整和规划。她知道，现在是最苦最困难的时候，只要能够坚持住，就一定能够获得成功。

不久以后，正如她所料，形势发生了变化。万通在改成批发市场以后，生意开始变得出奇的好，原来那些没人要的摊位一下子又成了抢手货，等再来一批商户时，摊位都已被抢购一空了。由于有超前的眼光，陈海珍早已把十几个摊位装修布置完毕。因为这些摊位占据着位置的优势，因此升值很快，许多人都争着来和她谈判，请求租赁这些摊位。

最后，陈海珍除了留下四个摊位自己经营外，其他十来个摊位都已租赁出去。每年仅靠摊位租金，她就可以稳收一大笔。她的生意也开始越做越大。在回忆起当年的情景时，陈海珍说，当时借的二十几万块钱是一笔很大的数目，而且还付高利息，她是冒了风险的。她还说，她的成功因素除了胆大外，还有过人的眼光，再加上有把冷板凳坐热的毅力。有些人能看到前面两三步，有些人只看到眼前。

有谁能预知到十几年前一个无人问津、急于出手的摊位如今已升值到几百万元？有谁能预知到摊位的租金年年看涨呢？所以说，前瞻性是一种战略的眼光，如果你只看到了眼前那一点利益得失，那么你永远也不

可能获得很大的成就。

人生有小成功,也有大成功。如果你想一辈子生活得比较好,努力真的很重要,但是你要做大事业,最重要的还是要具备一种前瞻性的战略眼光,能在那些看似平常或不习惯的东西上看到价值所在。生活中,有前瞻性眼光的人,看问题不是只看眼前,他们能看得更远;而那些没有前瞻性目光的人做事情,总是喜欢跟着潮流跑。当大家一窝蜂下海的时候他就去下海,当大家一窝蜂炒股的时候他就去炒股,到头来永远跟在别人的屁股后面。

对于每天的工作其实也是这样,如果没有前瞻性的眼光,没有预先“算计”一下工作,再忙再累,付出再多也只是做无用功,是瞎忙活,白忙活。

小张与小黄毕业于某名牌大学企业管理专业,并同时进入一家中型企业。

小张工作努力认真、踏实肯干,除了工作就是工作,他好像总有做不完的工作,而且还常常自动留下来加班,天天工作到很晚才下班。但让人遗憾的是,他的工作业绩一直没有起色。

如果用传统的“认真”来衡量,小黄则有些“不务正业”,他的想法和做事的方式都与众不同,从不墨守成规的他总是琢磨一些“懒办法”——别人两小时完成的,他就想办法争取一个半小时完成;相同条件下,别人做到十分的效果,他要努力做到十二分……主管交给他的任务,他不但能完成得干净利落,而且效果都能令人满意。做完主管安排的工作后,小黄还经常主动向主管申请做一些额外的工作,而且工作之余他还经常主动去找同事、主管交流工作中存在问题,很快就与大家建立了很好的工作和私人关系。

一年后,小黄得到提拔并被委以重任,小张则只获得象征性的加薪鼓励。

这让小张心里非常不满,认为小黄工作没自己认真,而且还总是逢迎拍主管马屁,凭什么业绩考核反而比自己好?而且还受到公司的重用?自己为公司付出了那么多,反而落得竹篮打水一场空。他越想越觉得不好受,于是向总经理递交了辞呈。

为了让小张心服口服，总经理想出了一个不错的办法。就在小张工作的最后一天，总经理找小张谈话。刚好中秋节快到了，公司正在考虑该买什么礼物送给公司员工。总经理说："小张，麻烦你到西门水产市场跑一趟，看看有没有大闸蟹卖？"小张心里很疑惑，不知道主管这葫芦里卖的是什么药，因为这并不是他负责的工作啊！但他还是依照总经理的吩咐，匆忙赶往西门水产市场。

20分钟后，小张回到办公室，向总经理报告："总经理，西门水产市场有大闸蟹卖。"总经理接着问他，"西门水产市场的大闸蟹怎么卖？论斤卖？还是按只卖？"小张一脸茫然，无以应对，这么一问他才回过神来，怎么自己就忘记了问这个呢。于是，只好再跑一趟西门水产市场，30分钟后又回来报告："西门水产市场大闸蟹按只卖，每只50元。"

总经理听了之后，当着小张的面，把小黄叫了进来，并吩咐小黄："小黄，麻烦你到西门水产市场去一趟，看看还有没有大闸蟹卖？"小黄马上问总经理："总经理，请问今天买大闸蟹是做什么用呢？"总经理回答："中秋节快到了，以往年年都送公司员工月饼，今年我们打算换个新花样，送公司全体员工大闸蟹，作为中秋贺礼。"

听总经理把话讲完，小黄立即出门直奔西门水产市场而去。过了三十多分钟，小黄拎着两只阳澄湖大闸蟹回来，并向总经理报告："总经理，我觉得送员工就送阳澄湖大闸蟹。西门水产市场有两家摊位卖。第一家的阳澄湖大闸蟹，每只平均4两重，每只卖50元。第二家的阳澄湖大闸蟹，每只平均6两重，每只80元。我与这两个摊主谈好，公司一次性团购600只，则可以打9折，每4只送一个附带烹饪大闸蟹调料的礼品盒。考虑到咱们公司员工多数都是单身的年轻人和三口之家，我建议买4两重的，每个人可以送四只。4两重的大闸蟹肚白、背绿、黄毛、金爪、体壮，看起来很新鲜，大家一定很喜欢。如果总经理个人要送亲戚朋友，我建议买6两重的，看起来比较有分量，拿得出手。我各买了一只带回来给总经理参考，买哪个就由您定吧。"

职场中,类似小张这样的人并不少。不难看出,尽管小张忙前忙后,一次次地去市场,但是很显然结果并不理想。反观小黄,虽然只去了一次市场,但是却将所有的问题处理妥当。如果你是这位总经理,你会欣赏什么类型的员工?你认为谁的忙碌更有成效呢?

因此,作为一名职场员工,对工作也需要好好算计,才能事半功倍,省心省力。如果不能好好"算计"工作,只会让自己瞎忙、白忙、穷忙、整天被工作追着跑,自己累得气喘吁吁,却还是被别人远远地抛在后面。所以,如果你学会了对每一件工作都细细算计,那么在职场这个战场中你必将大获全胜,让工作对你俯首帖耳,绝不会再被工作追得狼狈不堪。

5 绝望时,再做一次努力

当工作进展得不顺利时,我们应该回头看看最初的起点。工作时,常常会出现这样那样的状况。调控不好的话,很容易迷失目标和方向。这时,我们要从工作进程中跳脱出来,仔细思考一下最初的目标。只要沿着既定方向走下去,我们就能缩短时间,高效率地完成。

每个人的一生都不可能一帆风顺,总会遇到许多困难。那么在遇到困难时,你会选择悲观的态度,还是乐观的心态?就算你消极地逃避,困难还是存在的,那么何不乐观地去面对呢?事实上,人生的很多失败,并不是败给了别人,而是败给了悲观的自己。因此,在遇到问题时,只有乐观地面对、积极地行动才能成功。

有一群印第安人被白人追赶到了一片森林里,白人随时都会出现,他们的处境十分危险。由于情况危急,酋长便把所有的族人召集起来谈话。

酋长说："有些事我必须告知大家，我们的处境看起来很不妙，我这里有一个好消息，也有一个坏消息。"

酋长的话立即引来了族人们的一阵骚动。因为他们的状况已经很糟糕了。酋长说："首先我要告诉你们坏消息。"所有的人都紧张地站着，神色惶恐地等待着酋长的话，他说："除了牛饲料以外，我们已经没有什么东西可吃了。"

大家立即开始你一言我一语地谈论起来，到处发出"可怕啊""这下我们可怎么办"的声音。这时候，一个勇敢的人突然发问了："那么好消息又是什么呢？"酋长回答："那就是我们还存有很多牛饲料。"

这是一个智慧而幽默的酋长，因为他在这样的困境中依然保持着豁达的心性，他所看到的，是生的希望。一个在厄运面前不会绝望的人，注定是永远不会被生活打垮的人。

很多人总拿"生不逢时"来搪塞自己，埋怨自己没有一个好出身，埋怨自己没有一个好环境。认为自己能力不如人，没有身份，没有背景，因而自暴自弃，对工作也失去信心。如果你认定自己是卑微无用的，那么你就真的会成为那个样子。而反过来，不管你当初所处的环境或者身份在别人眼里是多么卑微，只要你自己不看轻自己，那么就没有人能真的轻视你。

有一个黑人孩子，他年少的时候家境贫寒，父亲是一名水手，每年都要往返于大西洋的各个港口之间。对于这个孩子来说，他一直认为，像他们这种地位卑微的黑人孩子是不可能有什么出息的，也许等他长大了，他就会接过父亲的工作，像父亲一样漂泊不定地游走于各个港口。

在他9岁的那年，他跟着父亲来到了梵·高故居。父亲告诉他梵·高的许多画是价值连城的。但当他看到那张小木床和裂了口的皮鞋之后，不禁疑惑地问父亲："梵·高不是这世界上最著名最伟大的画家吗？难道他不是百万富翁吗？"他的父亲回答道："不，孩子，恰恰相反，梵·高虽然是个著名的画家，但他同样也是一个和我们一样的穷人，他甚至是个连老婆都没娶上的穷人。"

第二年,他又随父亲去了丹麦。在童话大师安徒生墙壁斑驳的故居前,他又困惑地问:"安徒生难道不是生活在皇宫里的吗?"父亲回答道:"安徒生是一位鞋匠的儿子,他生前就住在这栋残破的阁楼里,皇宫只有在他的童话里才会出现。"

正是这两次参观彻底改变了小男孩的人生观。二十年后,他回忆童年时曾说:"我庆幸有位当水手的好父亲,他让我认识了梵·高和安徒生,这两个人告诉我,上帝从不轻看卑微。"

这个人的名字叫伊东·布拉格,是美国历史上第一位获普利策奖的黑人记者。可见,一个人人生轨迹的转变,莫过于思想深处的转变和触动。

当你我来到这个世界的时候,有些东西是我们不能改变也无法把握的。但值得庆幸的是我们能够掌握自己的命运,我们自身的价值由自己决定。如果你认定自己不平凡,那么只要你愿意,你完全可以去展示你的能力和才华。在上帝的眼里,从来都不轻看卑微。

1948年,牛津大学举办了一个主题为"成功秘诀"的演讲会,邀请丘吉尔前来演讲。演讲那天,会场上人山人海,全世界各大新闻媒体都到了。

丘吉尔用手势止住大家雷动的掌声,说:"我的成功秘诀有三个:第一,决不放弃;第二,决不、决不放弃;第三,决不、决不、决不放弃!我的演讲结束了。"

说完,丘吉尔走下讲台。

会场上沉寂了一分钟后,突然爆发出热烈的掌声,经久不息。

这场演讲成为演讲史上的经典之作。这并非丘吉尔故弄玄虚,他是用一生的成功经验告诉人们:任何事情的成功都需要坚持,不管是人生的事业,还是普通平凡的工作。所以,任何时候都不要被困难和挫折吓倒!

一艘轮船不幸在茫茫大海中沉没,大副带着幸存的9名水手跳上了救生艇,在海面上漫无目的地漂流,一个星期过去了,大家依然看不到一丝获救的希望。大副守护着仅存的半壶水,不许那9个人碰它一下——有了水就有了活下去的希冀,没有了水,大家就再也撑不下去了。

大副是救生艇上唯一带枪的人，他用枪口对着那9个随时都有可能疯狂地冲上来抢水的水手，任凭他们对着自己咒骂咆哮。在这9个人当中，最凶悍的是一个秃顶的家伙，他凶狠地盯着大副，用他那沙哑的嗓子奚落他道："你为什么还不认输？你无法坚持下去了！"说着，他猛地蹿上来，伸手去抢水壶。大副毫不客气地用枪对准了他的胸膛。秃顶叹一口气，乖乖地坐下了。

为了保护这半壶维系着所有人生命希望的淡水，大副已是两天两夜没有合眼了，虽然他不断地告诉自己一定要挺住，否则就会有人用鲁莽的举动亲手把所有落难者推进死亡的深渊。然而干渴和困倦折磨得他再也撑不下去了，他握枪的手一点点软下去。迷糊中，大副居然把枪塞给了离他最近的秃顶，断断续续地说："请你接替我。"然后就脸朝下跌进了船舱。

黎明再次来临的时候，大副醒了过来，他听到耳畔有个沙哑的声音说："来，喝口水。"是秃顶！

秃顶一只手拿着淡水壶，另一只手稳稳地握住枪对着其余8个越发疯狂的水手。看到大副满脸疑惑，秃顶红着脸略显局促地说："你说过，让我接替你，对吗？你是领班，是指挥，你就要对其他人负责，是这样吧？"

后来，他们终于等来一艘救援的船。令救援者万分震惊的是，虽然这10个人干渴得唇上裂着血口，但大副的手里却握着淡水壶。前来援救的船长从大副紧握的手中接过淡水壶，喝了一口，立马吐了出来，原来是海水！

没有人可以打败你，除非你把自己打倒。对于悲观的人来说，他们总是感觉自己被禁锢了，生活是漆黑的；而对于乐观的人来说，即使他们奔跑于各种坎坷小径，他们窥见的也是黑暗过后的天明。

人活着就要有希望，只要心中有信念，坚持你的梦想和目标，人生就不会是黑白的；永远心系希望，就一定会有多彩的未来。过去不等于未来，过去的挫折已经过去，把握现在才是最关键和迫在眉睫的事情。人生没有绝对的失败，成功者绝不会放弃，放弃者绝不会成功。只要心只有希望，行动起来，那么战胜厄运和灾难之日就为时不远了，胜利一定是属于你的。

也许你觉得上面说的这些只是些人生的大道理。但工作就是这样。再困难的工作,再艰巨的任务,只要我们一直努力做下去,永不放弃,即便世界难题也有能被我们破解的一天。很多时候,我们感叹说:“这件事是不可能做到的,这个难题是没有办法去解决的……”只要不是客观原因,都是属于我们的主观看法。在这个情况下,只要咬紧牙关,坚持到底,就会守得云开见月明,就会柳暗花明又一村。看看下面这位工人的心里话吧,你就明白坚持对于工作的意义了:

记得是在十几天之前,我们公司的拉力测试仪拿去市内的校准机构去检验,没想到拿回来的时候坏了。这可麻烦大了,因为每个班,每台机,只要生产的话,都是需要测拉力是否合格的。而这台拉力测试仪是我们唯一的设备。如今,它坏了,这项工作如何展开呢? 人们一下子不知所措了。后来,有领导提议让班长拿空封的编带到另外的公司去测试,因为他们的设备与我们公司的基本是一样的。别小看这个简单的工作,当三个班8台机的拉力都需要测试的时候,就是一项超负荷的工作了。而我,恰在此时正上早班,唉,我不得不感叹,我的运气怎么这么背呢? 那几天,我可是连喘气的时间都没有,真的是忙得团团转。你看,一早回去马上就要将可以入库的产品送到成品仓。接着到各工序去做复检,等这些工作做完之后,我就要拿着一大袋的空封编带到兄弟公司去测拉力。往往要测好几个小时才能完成,等到我离开时,都已经下午一点了。每天几乎都是这样。当我离开的时候,那公司的保安总是这样说:“你这么拼命工作,连饭都不用吃了吗? 回去叫你的老板加薪吧。”我知道,这只是开玩笑罢了。这本来就是我的工作,做好就是我的本分。但说真的,那几天我确实是没有饭吃了,因为饭堂到了中午十二点半就没有饭卖了,天天都是啃面包,好可怜! 短暂的一个星期,我却觉得比一个世纪还要长,我整天盼着,想着,什么时候才能到星期日呢。因为到了星期天,我就解放了! 每天拖着沉重的腿走着,我真的怕我坚持不下去了。因为我并不仅仅是测拉力而已,回到自己的公司,还要将相关的数据拷到电脑上,同时也要将产品入库,总之一个人像要散架了似的,真的很累、很累……

终于，我在星期六的时候奇迹般地把所有的工作做完了，而且事情完成得相当不错。我终于可以大声地说："不管如何困难，我都挺过去了。"

再难的工作，在我们的坚持下也可以做好，再困难的境遇在我们的坚持下也一样可以改变。我们的工作也就会卓有成效，绝不会被工作穷追不舍了。所以，不管工作多难，多绝望，也要再坚持一下，尽最大的努力把工作做完，做好，工作回报给你的，将会超出你的预想。

第七章

弃卒保车的智慧:选择比勤奋更重要

人生是一个选择的过程,工作也是如此。努力,是事业腾飞的金钥匙,但比努力更重要的,却是始于足下的方向选择。通往成功的道路或许有千万条,但生命永远是单行线,我们不可能推翻结局重新来过,能做的只有走好每一步棋,做好每一次选择。

1

要前进，先选择正确的方向

中国古话说得好："前车之覆，后车之鉴。"现实中，我们不一定知道正确的道路是什么，但时时反省却可以使我们不会在错误的道路上走得太远。

很多时候，我们总是在做一些无谓的努力，就好比我们想要寻找金矿，却妄图在海滩上挖掘，这样做的结果就是我们只能挖出一堆堆的沙土，而绝对不可能找到金子。因此，不要在不必要的地方付出你全部的精力。所以对于任何工作我们都要学会选择，学会选择正确的目标。

有一名探险家到南美的丛林中探险，找寻古印加帝国文明的遗迹。他雇佣土著人做向导和挑夫，一行人浩浩荡荡地朝着丛林的深处走去。尽管土著人背负着笨重的行李，但他们的脚力过人，仍能健步如飞。在整个队伍的行进过程中，总是探险家先喊着需要休息，让所有土著人停下来等他。一连三天，考察队都很顺利地实现了原定的计划。

可是到了第四天，探险家一早醒来就催促着向导准备上路。不料土著人却拒绝行动，探险家对此感到非常气愤和不解。经过沟通，探险家终于明白，土著人自古以来便流传着一种神秘的习俗：在赶路时，皆会竭尽所能地拼命向前冲，但每走上三天，便需要休息一天。当探险家进一步询问原因时，向导的回答让他受益终身："那是为了让我们的灵魂，能够追得上我们赶了三天路的疲惫身体。"

多么富有哲理的话！在这个竞争激烈的时代,忙碌成了我们所有人的生活常态。在这样的忙碌中,我们常常只顾着埋头拉车,却少了抬头看路,少了思考、总结再前行这重要一环。殊不知这正是我们被工作弄得忙乱不堪的重要原因。

有一个非常勤奋的青年,很想在各个方面都超越别人。经过多年努力,仍然没有长进,他很苦恼,就向智者请教。

智者叫来三个弟子,吩咐说:“你们带这个施主到五里山,打一担自己认为最满意的柴火。”年轻人和三个弟子沿着门前的江水直奔五里山。智者在门前等他们,首先回来的是那个年轻人,扛着两捆柴。智者让他在一边休息。一会儿,两个弟子用扁担各担四捆柴也回来了,另外一个徒弟出现了,他在江面划着一个木筏,上面载着八捆柴。年轻人见状说:我开始就砍了六捆,扛到半路,扛不动了,扔了两捆;又走了一会,还是压得喘不过气,又扔掉两捆;最后我就把这两捆扛回来了。可是大师,我已经很努力了。“我和他恰恰相反,”那个大弟子说,“刚开始,我俩各砍两捆,我和师弟轮换担,觉得很轻松;最后,又把施主丢弃的柴挑了回来。”划木筏的小徒弟说:“我个子矮,力气小,别说两捆,就是一捆,这么远的路也挑不回来,所以,我选择走水路,自己造了一个竹筏。”

智者用赞赏的目光看着弟子们,微微颔首,然后走到年轻人面前,拍着他的肩膀,语重心长地说:“一个人要走自己的路,本身没有错,关键是怎样走;走自己的路,让别人说,也没有错,关键是走的路是否正确。年轻人,你要永远记住:选择比努力更重要,选错了方向再努力也是失败。”

做好工作、轻松掌控工作的路有千万条,但你要记住:所有的道路,都是你自己选择的结果。一步错,步步错,你有什么样的选择,也就决定了工作会有什么样的结果,甚至决定你有什么样的人生。成功与失败的区别也就在于此,成功者选择了正确的方向,而失败者选择了错误的道路。

从 20 世纪 80 年代起,比尔·盖茨每年都要进行两次为期一周的“闭关修炼”。在这一周的时间里,他会把自己关在太平洋西北岸的一处临水别墅中,闭门谢客,拒绝和包括自己家人在内的任何人见面。通过"闭关"使自己处于完全的封闭状态，完全脱离日常事务的烦扰，静心思考一些对公司、技术非常重要的问题。盖茨的"闭关"不只是一种休息方式，更是一种高效率的工作模式，是一项让整个微软公司和他自己能忙在点子上的重要工作。

穿衣服时，如果我们把第一颗纽扣扣错了，那么下面的扣子肯定会跟着出错。同样，在工作中，如果我们努力的方向没有选对，那么不管我们有多么勤劳和努力，也是白费，你的工作不会有成效，只有被工作追着跑的份儿。所以，工作时，不妨停下前进的脚步，看看自己努力的方向是否选择正确了。

工作是一个不断向前的过程，需要拿出心中的罗盘，找准自己的方向，选择一条适合自己走的路；只有选对了方向，你的努力才不会白费，你的工作才会轻松、畅快，成效显著。

2 人生需要用减法

研究发现，比起轻松愉快的人来，工作经常加班并容易感觉疲劳的人得身心疾病的危险性要多出 10 倍。同时，忙碌着却感觉没有希望的人，罹患高血压的可能性要比对生活充满希望的人高出 3 倍。健康是一切工作的根本，只有保证了健康，工作才能更好地完成。

现代医学研究发现，生理与心理对健康有交互影响。只有时常进行身体锻炼并适时地释放积压在内心的压力，才能让工作变成乐趣。

大学毕业后，吴海就进入了一家外资设计工作室。那会儿，满脑子的远大目标和理想，有干劲，有能量，除了吃饭睡觉，他几

乎把所有的时间都花在工作上。老板为人也不错，见吴海家住得远，便同意他住在工作室。

一开始，吴海很享受终日忙碌的充实生活。因为吃住在工作室，所以对他而言根本就不存在上下班的时间界限。项目来了，工作室几个伙伴就昏天黑地干上几个月；待项目结束，庆祝一番后就又开始下一个项目。

虽然工作非常辛苦、劳累，但吴海很珍惜这个工作机会。一来，因为老板是首席设计师，跟着他一起打拼，对个人设计水平的提升非常有帮助；二来，收入在同行业里也算得上可观，着实没有不努力的理由。

就这样，6年间，加班成了家常便饭。每次项目进入倒计时阶段，团队都要集体加班到深夜，连续几周吃住都在办公室。

几年下来，不少人的身体都出现了状况：手腕疼痛、腰痛、颈椎病、胃病，还有因为抵抗力下降而频繁地发烧、感冒。

因为长期加班，吴海也时常感觉到非常疲劳，而且即使足足睡上一天也无法很快恢复。疲劳让吴海变得注意力无法集中、健忘、失眠。很快，吴海的心理上也出现了问题，表现出烦躁、容易无理由地发火等现象。

吴海是典型的身心疾病患者。不管怎样，健康总是第一位的，毕竟身体是革命的本钱，不要被工作无止境地追着跑，甚至陷入一种无止境的恶性循环。所以，适时给自己减压是把工作做好的好办法。

员工要进行适当的身心健康方面的培训，了解如何释放压力、舒缓压力等相关知识，并适当安排工间操、轮流休假等方式，让自己放松身心。要知道，不是所有的工作都必须由你去完成，在健康与工作之间，你必须选择健康，因为只有健康你才能更好地去工作，轻松地工作。

同事们都叫姜潮“工作狂”。刚开始姜潮还不以为然，为自己的执著和敬业感到骄傲，开心工作、开心加班，虽然身体上的累常有，但心理上的累从未感受到。可自从做了项目负责人后，生理上以及心理上的疲劳无时无刻不困扰着他。因为需要赶进度，整个团队加班到深夜是常有的事情。刚开始，团队成员并没有太多的怨言，对加班也不叫苦叫累，但时间久了，不少人就开始闹情绪了。一两个人的节奏慢下来了,整个团队的效率自然很难保证。

其实,姜潮也能理解,二三十岁的年轻人正值结婚成家的年龄,若全身心地扑在工作上,必然会影响恋爱和婚姻。时间一长,即使员工自己没有怨言,家人也会有意见,所以靠加班赶项目的做法只能是偶尔为之,不是长久之计。

一次,下属小王加班时,患了急性阑尾炎,老总闻讯后立即赶来,支付了全额手术费,还付了很大一笔营养费。事后,不少同事都说公司很仗义、很慷慨,但姜潮认为,用长期加班换来的营养费不要也罢。

这年年初,姜潮的一位朋友得了肺癌,40 岁就去世了,这对姜潮刺激很大。因为这位朋友也是典型的工作狂,而且也是个有多年烟龄的老烟民。从那以后,姜潮就有了非常强烈的戒烟念头,而且也慢慢减少加班时间。但他发现自己好像已经有了惯性,停不下来了。回到家里,姜潮还是控制不住地去电脑前工作,困了就喝咖啡、抽烟解乏,硬撑着完成一个个工作目标。凌晨三点甚至五点睡觉不稀奇,白天到公司还要强打着精神继续工作。

姜潮说:“其实,并不是我的工作多忙多累,我也不知道自己为什么如此地有干劲,但总感觉自己已经被工作驱使了,不拼又能怎样?而且,如此昂贵的房价、如此高额的生活消费,这一切都需要钱,对于像我这样年龄的人来说,想要成家立业,辛苦劳累、压力大是必然的。”

从心理学角度上讲,持续的工作狂状态也许是强迫症的一种症状:不接受现实的缺陷,但又害怕任何改变,所以重复并痛苦着。就像姜潮,一方面担心超越极限的工作会影响健康,一方面又放不下工作,两者之间的心理冲突一直在他脑中循环,结果压力越来越大。所以,更合理地进行时间管理和目标管理,对姜潮来说非常重要,而放松和增加睡眠时间应该列在当前最重要的事情之中。另外,坚持有氧运动,对大脑神经功能的调理也是很有益处的。

面对压力,我们是束手无策,被动地任由工作追着跑,还是积极调节,

让自己成为工作的主人,从而主导工作呢?答案不言自明。那么,我们应该怎样来做这道减法题呢?

(1)提高睡眠质量。临睡前不要去想明天的工作及生活中的不如意,如果失眠,可尝试思维中断法。

(2)增加运动。选择消耗量不大、健体又能防身的运动,比如打太极拳。

(3)保持顺畅的沟通。保持良好的沟通,建立良好的互动模式,适当运用肢体语言。

(4)适当放慢生活和工作的节奏。把工作和生活节奏放慢,如果感觉急躁,尝试用腹式呼吸法控制。

(5)停止自我责备。打电话或约谈一个朋友倾诉,或者暂时抛开烦恼,去做你最爱做的游戏或活动。

(6)自我充实并保持期待的心态。学会关注当下以及将来,而不是过去。并且,从现在起,开始充实自我。

当你减掉那些不必要的负累后,自然一身轻松,才能更好地轻装前行。

3 宁要一样精,不要百事通

俗语说:“天生我材必有用。”在职场中,个人才能最佳的存在价值,就是让自己的专长成为更好、更快完成工作的助手。

身在职场的我们依靠为他人提供服务和商品生存,所以如果你培养起了专长,你的工作就更有价值。如果你还没发现自己的专长,那么从现在开始你就要确定方向,然后加以专业上的投资,花费时间、精力和汗水,努力让自己成为这个领域中,最起码是在某个圈子中,最出色的人。如果你已经具备了一种能力,但还不算精于此道,那么也要进行专业方面的投资,全力以赴,使自己变得与众不同。

在公司里,七七是一个"百事通",哥儿们多,也肯帮忙办事。公司领导有了事,少不了找他搞定;公司内部,哪个部门有了困难,也少不了找他帮忙。

可是,每次公司升职的事都与他无缘,领导眼中的排名总是甲、乙、丙、丁,而七七在领导眼中只是七七。这还不算,在领导看来,七七还是公司里的"砖",哪里需要往哪儿搬,专门冲锋陷阵,却从来不受重用。

终于有一天,七七受不了离开了公司。对此,领导们并没有挽留,直到他走后,领导还是觉得公司似乎并没有缺少什么。

余世维说过:"人要永远保持自己那份被人利用的价值。"关键是自己是否有价值,要靠自己来创造自己的使用价值。我们要做的是通过自身升值,让工作离不开你至少离开了你这项工作就完成不了这么好,要让老板永远舍不得你,或者被一个老板"利用"完了,还能被其他的老板"利用"。这就需要我们能有一技之长,而不是百事通——什么都能干点,但什么都不精通。

小琴毕业后工作可没少换,她谓之:"春风得意马蹄疾,一日看尽长安花。"因为学的是财会专业,小琴的第一份工作是一家外资企业的会计。整日低眉顺眼,埋首于大堆的凭证和各种会计科目之中,连做梦时间脑子里都是财务报表上枯燥的数字。太没意思了,所以3个月后当人事部通知她去销售部做经理助理时,她欢呼雀跃:"苦日子总算熬到头了,苍天有眼啊!"

初做助理的时候,小琴觉得自己很适合做这份工作:思维缜密、心思细腻。并且这个工作和经理走得比较近,不但可以"偷艺",还能学会从宏观方面考虑问题。

欢欢喜喜做了一年,小琴忽生厌倦:总这样躲在幕后为他人作嫁衣裳,太没成就感了,卒子永远都是卒子。

于是小琴冲向"战场",跑到一家IT公司做销售,跑市场、拜访客户,研究各种营销秘籍。问题不断,各种挑战蜂拥而至,倒

遂了她拥有“表演舞台”的心愿。只可惜沙场百战无一胜。于是想想,还是算了。

适逢ISO9000质量体系认证热,小琴好不容易打入一家船代公司质管部,任执行总监。名字挺好听,却没有实权。编写、修订质量体系文件,进行员工培训,贯彻执行标准,系统试运行,内审、外审……喜悦如节日的烟花,只在通过认证的那一瞬间绽放。事后还是一切照旧,自己依然是平凡的一员。

闲时上网,见网友对国有股减持问题争来争去,深高速事件被传得沸沸扬扬,小琴一时兴起,一本一本地翻看相关书籍,颇入迷。她想:“是不是该去证券公司看看呢?”男友却苦口相劝:“艺多不养人,以生之有涯随学海无涯,殆矣。你看看你,工作3年了,东跑西跳的,还是新兵蛋子一个。”

毕业了,工作了,外面的世界很精彩,真有些眼花。不过,像小琴这样乱跳,只会永远停滞在职业的初级阶段。请记住:术业有专攻。用俗话说,就是有一技之长。如果生活只是为了生存,你可以才艺平平;如果你想很好地生活,就必须有特长。就像酒楼必须有它的拿手菜一样,你要有自己的金字招牌,工作就会得心应手,你就会在你擅长的方面做出卓越的成绩。

人们常说“一招鲜,吃遍天”,这话想必永远不会过时。无论你是上九流之人,还是下九流之辈,只要你有所专长,肯定就能“混”成此行业的成功者。你的工作也会得心应手,轻松自在。

《庄子》一书中,有两个技艺超群的人。一个是厨房伙计,一个是匠人,厨房伙计即那位宰牛的庖丁,匠人即那位楚国郢人的朋友,叫匠石(不一定就是石匠)。二人的共同之处,就是技艺超群,简直到了出神入化的境界。先看庖丁,他为梁惠王宰杀一头牛。他那把刀似有神助,刷刷刷几下,一个庞然大物,便肉是肉、骨是骨、皮是皮地解剖得清清爽爽。他解牛时,手触、肩依、脚踏、进刀,就像是和着音乐的节拍在表演。更奇的是,庖丁的刀已用了很多年,所宰的牛已经几千头,但仍像刚在磨石上磨过一样锋利。此时你看他提刀而立,悠然自得,仔细地把刀擦净、收好。那神采,就如同神功盖世、儒雅风流的侠士。

再看匠人，也许是木匠，也许是石匠，也许木石活儿都做。他的技艺也十分了得。郢人把白灰抹在鼻尖上，让匠人削掉。那白灰薄如蝉翼，匠人挥斧生风，削灰而不伤郢人的鼻子。

俗话说得好："纵有良田千顷，不如薄技随身。"宁要一样精，不要百事通。只要把自己该做的工作做实、做透、做精，你的工作必然会顺风顺水，尽善尽美。职场中，人都需要掌握一门专长。有的人很好学，似乎什么都想学一点，什么都会一点，又称不上"专家"，所以仍然派不上用场。

人各有所长。如果能把自己某一方面的专长作为基础，坚持不懈地努力，去求发展，那当然是会有前途。一个人所知甚多、所学甚富，又有专门技能，有哪家公司不愿意聘用呢？

一个人一无所长，是一件可怕的事，这样的人也是职场上最脆弱的人，往往有他不多，无他不少，经不起一点风浪，只要裁员，他往往首当其冲，被淘汰出局。如果你不想让自己陷入那样的处境，就应该努力提升自己的职场技能。这样不仅能使自己地位牢固，也能使自己的工作做得风生水起，成就卓越。

4

不要轻易向别人许诺

若不想让自己的工作变得一团糟，当同事或亲友托你办某事时，当上司委托你做某事时，请你一定不要不假思索地就满口应承；请至少也要冷静一分钟，思索一下，这件事自己能不能办得到，办得好，是不是会影响到自己的工作。把自己的能力与事情的难易程度以及客观条件是否具备，结合起来统筹考虑，然后再作决定。

为同事办事，应该是自己应尽的责任，如果不帮他办，可能会感觉情

理不合,有时事情尽管很难办,也不得不勉强答应;对于上司委托给自己的事,虽然不乐意,但又不好拒绝。搪塞性地应承,可能会对自己不利。你可能没有考虑到,如果为了一时的情面接受自己根本无法做到或无法做好的事情,你不仅要花费很多的精力和时间去办这件事,而且一旦失败了,同事、亲友、上司只会以这次失败的结果来评价你,不会考虑到你当初的热忱。

如果你认为这是上级拜托你的事不好拒绝,那么,此后你的处境就会更艰难。所以,办事要量体裁衣,自己感到难以做到的事,要勇敢地鼓起勇气,说:“对不起,我实在无能为力,您是否可以另找别人?”或者说:“实在抱歉,我水平有限,只能让失望了。我想,如果我硬撑着答应,将来误了事,那才是对不起您呢!”

不过,还是有些人经常不负责地许各种诺言,并且很少能遵守,结果毫无悬念地会给别人留下恶劣印象。如果你说过要做某件事情,就必须办到;如果办不到,觉得得不偿失,或不愿意去办,就不要答应别人。这样,你才是真正会办事的人,不会害了别人,也不会影响自己的工作。

美国 IBM 计算机公司发展迅速,与公司服务人员在产品的售后服务中,具有高度的责任心和信守诺言的美德分不开。

一天,菲尼克斯城的一个用户急需重建多功能数据库的计算机配件。公司得知后,立刻派一位女职员送去,途中遇倾盆大雨,河水猛涨,沿途的 14 座桥被封,交通阻塞,汽车已无法行驶。按常理遇到这种特殊情况,女职员完全有充分的理由返回去,但她并没有被饥饿和中途的艰险吓倒,仍勇往直前,巧妙地利用原来存放在汽车里的一双旱冰鞋,滑向目的地,平时只有二十几分钟的汽车路程,今天却变成了 4 个小时的跋涉。女职员到达用户所在地后,又不顾疲劳,及时解除了用户的困难。

IBM 公司正是以工作人员认真负责的工作态度和感人的行动,赢得了广大用户的信任。其计算机产品成了用户争相购买的俏货,很快,这个公司的用户就遍布全世界。

不论在生活上还是在工作上,一个人的信用越好,就愈能成功地打开局面,做好工作。所以,你必须重视你自己所说的每一句话。

许诺前,都必须慎重地掂量。当然,我们说不要轻易许诺,绝不是说不帮助别人。在这个世界上，我们毕竟不能独来独往。办自己的事情时，有时要涉及别人的利益，我们在处理事情的过程中，必须全盘衡量，把握分寸，协调好各方面的利益关系，如果在争取自己利益的同时，不伤害他人，还能为他人提供帮助，那就再好不过了。

凡事都应该灵活处理，"言必信，行必果"也不是绝对的，因为生活中有许多事非个人所能左右。

某高校一个系主任，向本系的青年教师许诺说，要让他们中三分之二的人评上中级职称。但当他向学校申报时，出了问题。学校不能给他那么多名额。他据理力争，跑得腿酸，说得口干，还是解决不了问题。他又不愿把情况告诉系里的教师，只对他们说："放心，放心，我既然答应了，一定要做到。"

最后，职称评定情况公布了，众人大失所望，把他骂得一钱不值。甚至有人当面指着他说："主任，我的中级职称呢？你答应的呀。"

而校领导也批评他是"本位主义"。从此，他不仅在系里信誉扫地，校领导也对他失去了好感。

其实，他完全应该把问题的难度告诉大家，诚恳地道歉说："对不起，我原先没想到。"并把每次努力争取的情况也向大家转述。这样，即使人们初时有些怪他信口开河，但也会谅解他。

诺言是否能兑现得了，不仅与主观愿望有关，更与客观条件有关。有些照正常情况可以办到的事，后来因为客观条件起了变化，一时办不到，也是常有的事。而上例中，事实上客观情况已明摆着，根本不可能让三分之二的人一下子全评上中级职称，即使你跑断了腿，也是徒劳，所以不能乱许诺言。

如果你的同事把他分内的工作往你身上推，应拒绝。因为，每一个人都有自己的责任和义务。既然承担了某种社会责任或契约，就应该践约。当他们不能完成任务时，你主动为他们分担，其实是害他们，因为这样做助长了他们的依赖性。

当然，拒绝别人的要求也的确是件不容易的事。有位外国教授说："央求人固然是一件难事，而当别人央求你，你又不得不拒绝的时候，也是叫人头痛万分的。因为，每一个人都有自尊心，希望得到别人的重视，同

时我们也不希望别人不愉快,因而,也就难以说出拒绝之话了。”

的确,在承诺与拒绝两者之间,承诺容易而拒绝困难。他人请托的事,可为或不可为,或者是介乎两者之间,你的答复是怎样呢?许多人都会采取拖的手法。“让我想想看,好吗?”这话常常被运用。但有些时候,许多人会视为不自觉的承诺,所谓“不自觉的承诺”,就是自己本来并未答允,但在别人看来,你已经作出了承诺。这种暧昧的态度要不得,那其实是在给自己找麻烦,一不小心就会让自己陷入“猪八戒照镜子,里外不是人”的境地。

因此,拿破仑说:“我从不轻易承诺,因为承诺会让自己变成不能自拔的错误。所以,遇到我们实在完成不了或是困难很大的事情,千万不可轻易承诺,不然就是给自己找麻烦,让自己疲于奔命。”

5 不做职场“老好人”

怎样的人可以被称之为“好人”?没有固定的答案。但我们可以肯定的是,在职场中,好人会真正地负起责任,不怕得罪人,这样才能保证自己在工作中的主动,帮助自己的公司发展,帮助自己的同事上进,最后真正地帮助自己走向成功。而“老好人”只会用表面的一团和气害了自己的公司,害了自己的同事,最终也害了自己。

陈鑫天生性格中庸。他最不愿意做的事,就是得罪人;最不会做的事,就是拒绝人。

所以,在工作中,他从来不做那个强出头的人。别人说好,他就说好;别人说坏,他就不作声,装哑巴。由于他缺乏个人观点,没有自己的主见,只是默默无闻地隐匿在大家之中,久而久之就成了领导视而不见的隐形人。

而在同事关系中，陈鑫因为性格好、不会拒绝，而成为人人得而"求"之的老好人。然而，不拒绝的直接结果，就是凭空多出来一大堆的额外工作。工作时间做不完，只好占用自己的休息时间来解决。于是，属于陈鑫私人的时间越来越少，做不完的工作让陈鑫越来越压抑，他开始变得焦躁不安，工作状态也直线下滑。于是，领导的漠视加上做不完的工作的压力，让陈鑫陷入一种前所未有的焦虑状态中。

我们经常会遇到像陈鑫这样的人，他们很少发表个人意见，对别人有求必应，从不说"不"；他们没跟同事红过脸，更不会与人争吵；他们不得罪周围的任何一个人，看上去跟谁都亲近……这群人是典型的"老好人"。为了维护表面上的和谐关系，他们付出了很多，却自讨苦吃，最后身心越来越累，工作越来越被动。

一位员工上班经常迟到，做事也不认真，经常出现不该出现的错误。开始时部门经理经常给这个人暗示，希望他能够改正，但一直没有什么作用。老板看到这个情况后提醒部门经理，说你应该找他认真谈谈，也许要给他一次严厉的批评，实在不行了，你就换个人吧。部门经理按老板的指示找他谈话。但真正到了谈话的时候，经理绕来绕去就是无法说出批评的话，因为他不愿意"伤害人"。

时间久了，大家对这个人的失误就习以为常、视而不见了，但他要完成的工作还得有人做，不得已部门经理就自己承担起来，做了越来越多本来该这个员工做的事情。部门经理后来实在受不了了，就要求公司加人。公司为这个部门加了人，但新来的员工看到前面的"榜样"，也不认真工作。虽然连续加了几个人，这个部门的工作仍没有起色，而部门经理也比原来更累了。他除了要兼做本来该这些员工做的事情，还要管这些越来越难管的人。

容忍一个经常违背公司制度和不做事的员工会极大地伤害公司，这不仅是因为有人拿了工资不做事，更可怕的是这样的人会破坏整个公司的工作氛围，就像俗话说的"一粒老鼠屎坏一锅汤"。这样的老好人，显然

不是公司需要的,也不是能把工作做好的人,更不是称职和负责的领导人,职场前途肯定不容乐观。

刚刚获得办公室同事认可的林欢,做事积极性很高。这很正常,新人迫切需要别人的认同,一旦有人夸她,她就会干劲十足,被喜悦冲昏头脑。

在接下来的几个月里,林欢半是自愿半是被迫地成为部门里的杂事王。平时叫餐、复印、跑腿的事儿自不必说,有什么没人愿意去的应酬,或者是搬搬抬抬的事情,也都是林欢的。

大家看林欢为人好,又老实,做事情都不埋怨,自然也愿意将手上零碎小事情交给她去弄。所以她虽然没有接触到核心业务,却也学到了不少的东西。

很快,新的机会来了。公司的试点业务要做最后的分配遴选,林欢这个部门主要是做对外大项目销售合作的,如果想抢到试点业务的话,就必须提出很吸引人的营销方案。如果谁能做出被上头接受的营销方案,就能获得全公司的通报嘉奖。更重要的是,试点业务拿回来后,肯定也会受到重用。所以,部门里不少人都放下手头的活,开始冥思苦想,希望能做出个绝佳的营销方案,拔得头筹。

这事儿和林欢原本没什么关系,她也不认为自己有什么营销天赋,更没资格参与竞争,只是按部就班地做好自己的杂事。但原本没有预期的事情,往往会自己找上门来。

这天,孟红波突然找到林欢的上司陈琳说:"把林欢借我用几天。"

陈琳说:"什么事情?"

孟红波说:"我在做新试点营销的方案,有很多统计数据需要下市场去跑,我忙不过来,让林欢来给我帮帮忙,反正她现在也没什么正事做,也好学点东西。"

陈琳顿时就有些不太高兴,她才是带林欢的师父,要安排,也是她来安排。更何况,陈琳和孟红波在做营销方案上还是竞争关系,让徒弟去帮忙,岂不是把枪交给别人打自己?

但这话却不好摆开来说,孟红波当着众人的面借人,如果自己一口拒绝的话，那岂不是将林欢当做私有财产了。

陈琳面无表情："最近林欢也有不少事情做。"

"是吧。"孟红波翻翻林欢要复印的文件，"我看也就一点杂事。我说林欢，你就跟我跑几天吧，我可是在做新业务的方案哦，如果通过了，那可是大功一件。"

还不等陈琳开口，林欢却已经连连点头："好啊好啊，没问题啊，我有空。"

孟红波嫣然一笑，而陈琳气得翻白眼，冷哼道："那也成，林欢，你就好好跟孟老师学习吧。"

林欢以为陈琳是真心鼓励呢，干劲十足地回答道："我一定好好学，争取做出好方案来。"

林欢抱着大堆资料跑去复印，全然没看到陈琳已经气得脸色发白。

对林欢而言，做好人的概念就是别人提出的任何要求都无条件答应，在后来的日子里，她除了自己本来就要做的事情外，还得跟着孟红波东跑西跑，去调查各种数据，而办公室里的人也没有放过她，日常杂事依旧交给她。

林欢每天早上比别人提前一小时来公司，将昨天同事安排的打字、复印、送文件等等杂务做完。等陈琳到了，专门听陈琳差遣，帮她泡咖啡，买早餐。到下午，就得听孟红波的安排，去市场里跑数据，甚至是在大太阳天里扫街调查。一直要到别人都下班了，她才有时间开始做自己分内的文书工作。

这种高强度的工作，让林欢身体迅速变差，有几次在扫街调查时，低血糖发作差点晕了过去。最终，因为她分内的一份文件没有按时完成，被办公室主任狠狠地批评了一顿，陈琳也以此为借口把林欢踢出了项目部。

"老好人"总是告诉自己：不好意思开口拒绝，说出来一定会弄得更复杂，反而破坏了感情。殊不知，如果不拒绝，那么双赢也就只能成为一种幻想。所以，要学会沟通，适时拒绝，尽全力把自己分内的工作先做好。

第八章

工作要行之有效：头脑勤胜过手脚勤

员工不只是被管理者，更应是管理者，因为决定自己工作绩效的不是领导也不是同事，而是自己。从工作本身来说，也只有懂得用脑子来思考，用“心”来工作的员工，让工作行之有效，提高自己的工作效率，把握工作的主动权。

1 成功是“想”出来的

努力工作固然重要,但工作中比努力更重要的是“思考”。要想把握工作的主动权,不被工作追着跑,更重要的就是要用脑子,蛮干很难做出成绩,也很难得到别人的认可。

曾经,我们以“老黄牛精神”激励人,让人人都做埋头苦干的“老黄牛”。人们习惯地认为“老黄牛”式的员工就是好员工,但是,在知识经济时代,仅仅有埋头苦干的精神已经不够了,我们不仅要努力工作,更要学会聪明地工作。

事实上,“努力”工作的人并不一定能受到上司的赏识。即使你付出了百分之二百的努力,如果没有及时做出工作成绩,为企业带来实际的效益,要想得到老板的赏识也是不太可能的。在这个以效率为先、靠业绩说话的时代,努力工作固然重要,但更重要的是要用脑子,要积极去“想”,愿干肯干又会干,才能出人头地。

如果一个人仅仅是不计效果地努力工作,那么这个人的发展潜力肯定是有限的。这也是在同样的时间内,付出的努力相差不多的情况下,不同的人会取得不同业绩的原因所在。任何人在努力工作的同时,也需要不断审视自己的效率和效果。埋头苦干只能说明自己是一个好用的员工,而不是优秀的员工,必须忙出效果,如果没有效果,你再忙也不过是瞎忙,再累也没有人欣赏。所以开动脑筋,忙到点子上,非常重要。

“智者先行一步,愚者十年难追。”“有多大的思想,就有多大的事业。”成功不是蛮干出来的,而是动脑筋“想”出来的。在过去,企业里大多数工

作都是体力活，员工只要肯拼体力就可以做出业绩。可现在，这一切都改变了，企业急需的不再是那种只知道埋头苦干的员工，而是那些能够用大脑、用智慧来工作的新型员工。

有一家大型销售企业，在全国有几十家连锁超市，每年销售额都在十几亿元以上。公司将在某市某小区附近设立新店，于是决定招聘销售部主任和营销员。

招聘启事一公布，立刻被各地求职者围了个水泄不通。经过几轮选拔，最后符合要求的求职者有六十多人，但最终只有10人会被录用，其中成绩最佳者将直接被任命为销售部主任。

到了最后一关，公司出了这样一道题：在3天之内调查清楚小区的购买力情况，时间短、信息准者受聘。

每一位求职者都领到几张白纸和一个档案袋，档案袋上除写明求职者的个人情况外，还有一栏特别注明交卷时间，因为交卷越早，会有相应的积分增加。

上午10点整，所有求职者准时出发。下午2点，有一个叫周逊的年轻人第一个交了答卷，答卷马上被密封起来。第二天下午，陆陆续续有人送交答卷。到了第三天的规定时间，共收回有效答卷53份。所有求职者在招聘大会上当场拆封档案袋，公开宣读自己的调查结果，供评委会审议。

求职者们的调查方法和结论可谓五花八门。有人采取了抽样调查法，但这种方法太辛苦，另外也有很多受调查者不太情愿接受调查。有人采取了电话调查法，这种方法虽然不累，不过电话费可没少花。有人采取了直接询问法，这种方法得到的数据不太可靠，受访者都是随意回答，不确定因素太多，另外花的时间也不少。

在所有的应聘者全部陈述之后，这次考试的负责人——公司人事部经理宣布了最后的人选名单，其中最早交卷的周逊被任命为营销部的主任，因为他调查所得的结论与其他人的基本一致，但在所用的时间和费用上却比其他人要节省很多。那他是如何进行调查的呢？

从他的发言中我们可以知道：他没有接触小区的任何一个

人，只是检查了小区里所有的垃圾箱，根据垃圾的数量、包装、品牌，从而得出这个小区总体消费水平的大致数字。

思想决定成败，头脑决定成败，有思想、有头脑的员工是最有价值、最有发展前途的员工。带着思想工作实际上就是在工作中要有自己的想法，要勤于动脑，勇于打破常规，只有这样，才能在疑问中找到解决问题的方法，工作才能有所突破，业绩才会不断创新。

美国家用电器大王休斯原来是一家报社的记者，由于和主主编积怨太深，他一气之下辞职不干了。

有一天，休斯应邀到新婚不久的朋友索斯特家吃饭。吃菜时，他尝到菜里有一股很浓的煤油味，简直没法下咽。但碍于情面，他又不好说什么。索斯特不可能吃不出那怪味道，但他也无可奈何，他新婚的妻子是用煤油炉做饭的，那时候大家都用那种炉子，很容易把煤油溅到锅里。他当着朋友的面也不好说妻子什么，只好对着煤油炉抱怨："这该死的炉子真讨厌，三天两头出毛病，你急用时它偏要熄灭，每次修都弄一手油……"

最后，索斯特又若有所思地说："要是能有一种简便、卫生、实用的炉子就好了。"

说者无意，听者有心。索斯特的话对休斯的触动很大。"对呀，为何不生产一种全新的炉具投放市场呢？"有了这一想法后，他开始重新设计自己的人生目标，全身心地投入研制新家用电器上。经过不懈地努力，他终于在1904年成功地研制出一系列新型的电锅、电水壶等家用电器，成了闻名于世的实业家。

成功是"想"出来的，不会"想"的人很难成功。休斯的成功在于他敢想，想要生产一种全新的、不同于以往的炉具就是敢想的表现，最终在这种想法的驱使下，他成功研制出一系列新型的电锅、电水壶等家用电器，成为闻名于世的成功实业家。所以，"想"是成功的前提之一，也是把工作做好、做出效率、拉着工作前进的前提之一。

有一家百货商店开业有一段时间了，可是生意一直不太好。老板为了挽救生意，冥思苦想出奇制胜之道，最后他想出了一个绝招：让员工到市内各家小饭店去吃饭，并调查一个问题——哪家饭店的咖喱饭做得好吃。

调查结果出来了，公司将那家咖喱饭做得最好的小饭店，迁到百货商店中营业，并让饭店将咖喱饭的售价降低4成，降低的部分由百货商店补贴。

于是，这家百货商店咖喱饭价廉物美的消息，几天内就传遍整个城市。一时间，顾客盈门。他们除了吃咖喱饭，还会顺便到百货商店里买东西，这样一来，百货商店的销售额直线上升。

你看，脑子一转，生意就活了。

其实很多时候，问题并不像我们想象中的那么难，只要我们勤于思考，善于动脑分析，问题一定会有解决办法。美国经营大师巴菲特曾说过这样一句话："榨出我1克脑汁，再加上16000美元，我就可以创造出1000万美元的价值。"由此可见，会思考对于一个人是多么重要！有智者事竟成，无智又不肯动脑的人，只能平庸地度过一生。因此，我们一定要学会带着头脑去工作，这样才能避免被问题困住手脚。

2 勤于思考，提高效率

职场中，存在两种类型的员工：一种是"事务型员工"，另一种则是"思考型员工"。两者之间的区别就在于，前者用手在工作，后者用心在工作；前者无法在工作中发现问题，自然也做不出出彩的业绩；而后者却能从工作中发现问题，并且积极想办法解决问题，这样一来，他们会因此而受到老板的器重，升职加薪也是必然的事情。

在广西一个村子里，每家每户都种植甘蔗，但是有一年，甘蔗的销路特别不好。这时候有不少村民怨天尤人，表示明年不再种甘蔗了。有一个二十多岁的小伙子觉得这样下去也不是办法，于是就打算去城里找销路。其实早在几年前就有人到城里去了，但销路并不好，超市嫌甘蔗脏，街边的小贩也因为甘蔗要剥皮而不愿意买。

小伙子起初并不相信这些话，他来到城里找到一个水果批发市场一问才知村民的话所言非虚，甘蔗的销路果然不好。

找了几家，情况都是一样。走得又累又渴的他找到一处公园休息，这时有个做小生意的人捧着一箱切好的西瓜来到这里叫卖，他花了两块钱买了一块解渴，在撕去外面包着的那层保鲜膜后，他忽然心想：假如这是一个整个的西瓜，我会买吗？一定不会，因为买来之后会面临着几个问题：用什么来切？切开后一个人吃得完吗？扔西瓜皮方便吗？而这一块切好的西瓜，就将那些后顾之忧全部省掉了。一个灵感顿时涌现在他的脑海，如果将甘蔗剥皮后也用真空保鲜袋装起来，这样无论是卖的人还是买的人都不会嫌脏了！顺着这个思路，他又想了很多：将甘蔗去皮后砍成一截一截的，用真空保鲜袋包装起来，分为即食装和礼品装两种；另外，在礼品装中再分出一种存放期更长的甘蔗，把甘蔗砍成一截一截却不剥皮，而是在甘蔗的两端切口处包上保鲜膜，然后将其装进礼品盒中，这样一来就把甘蔗的档次提高了，而且买的人不会嫌脏，拿起来方便，送人也体面许多。

他回去后马上把他的想法付诸实践。半个月后，他的甘蔗几乎遍布城里的大街小巷，而他的加工后的甘蔗变得供不应求，就连外地的客商也纷纷来订货。这时，镇上的一家企业主动找上门来与他合作，把规模扩大。订单像雪片似的飞来，原本无人问津的甘蔗顿时成了市场上的抢手货，而他自己也因此名利双收。

要想在职场中站稳脚跟，受到器重，并不是一件困难的事情，只要你将自己训练成思考型员工。这样一来就有可能更好地完成工作，甚至引领和开创工作新局面，成为公司里解决问题的高手。

一家大型的农贸市场中有一家卖辣椒的商贩，他旁边是一个卖土豆的商贩。一天，卖土豆的商贩趁着眼前没有买主，就自作聪明地对卖辣椒的商贩说：“你把辣椒分成两堆吧，这样会好

卖一些。”没想到卖辣椒的商贩笑了笑，轻声说：“用不着！”

说着就来了一位买主，向商贩问道：“你的辣椒辣吗？”

商贩很肯定地告诉他：“颜色深的辣，颜色浅的不辣！”

买主挑了一个，掰开一试，果然没错，挑好后满意地走了。也不知道这天是怎么一回事，大部分人都是买不辣的，这样没过多久，颜色浅的辣椒就所剩无几了。这时，卖土豆的商贩又对卖辣椒的商贩说道：“你把剩下的辣椒分成两堆吧，不然就不好卖了！”然而，卖辣椒的商贩仍是笑着摇摇头，说：“用不着！”

说话间又来了一位买主，同样问商贩辣椒辣不辣，商贩看了一眼自己的辣椒，回答说：“长的辣，短的不辣。”买主依照商贩说的，挑了很多长辣椒走了。

看着剩下的都是深颜色的短辣椒，这次卖土豆的商贩没有说话，心想这回看你还有什么说法。没想到，当又一个买主问时，卖辣椒的商贩信心十足地回答道：“硬皮的辣，软皮的不辣！”卖土豆的商贩这时暗暗佩服，心想可不是嘛，被太阳晒了半天，确实有很多辣椒因为失去水分而变得软绵绵的了。

就这样，卖辣椒的商贩很快就将自己的辣椒卖完了，临走时对卖土豆的商贩说：“你说的那个办法卖辣椒的人都知道，而我的办法只有我自己知道！”

卖辣椒商贩的成功在于他比别人更善于开动自己的脑筋，在别人都走老路的时候，他尝试运用自己的智慧走出一条新路，而这条新路往往更接近成功。

国内有家著名的植物园，曾经遇到一个问题，就是总有人趁着管理员不注意偷花。后来，换了一名管理员，这位管理员为了解决这个问题而冥思苦想，终于找到了一个解决问题的好方法，他把植物园里的告示牌做了一些改动，就彻底杜绝了偷花现象。他是怎么写的呢？原来的告示牌写的是：“偷盗花木者，罚款200元。”而他将告示牌改为：“凡检举偷盗花木者，奖励200元。”

原来的写法，仅仅是靠管理人员的眼睛去监督，而改动后效果大不一样，会有无数双警惕的眼睛帮他监督，这是何等聪明的方法！

其实，在日常的工作中，问题会在不经意间出现在我们的面前，有的人选择逃避，有的人则选择面对，其结果则是：前者仍是一个不起眼的小职员，而后者却成了令人羡慕的成功人士。为什么两者之间的差别如此大呢？面对问题的态度足以说明这一切。在成功人士看来，问题并非是洪水猛兽，它们只不过是前进道路上的一段小插曲。他们坚信方法会比问题多，凡事一定有解决办法，只要积极地去找，就一定能够找到最巧妙的方法将问题完美地解决。

3 多听总比多说好

在职场中，不该说的不要说，特别是涉及单位别的同事、工作任务或看不惯的现象时，不要发牢骚。说多了会引起别人的反感。最稳妥的办法是少说多做，用行动来表达自己的观点。比如，你看不惯同事总迟到，如果你善意地提醒他注意准时上班，他或许认为你多管闲事，倒不如你每天提早 10 分钟上班，把卫生打扫干净、整理好材料，几天下来，你无声的批评会令他汗颜。

法国哲学家罗西法古说："如果你要得到仇人，就表现得比你的朋友优越；如果你要得到朋友，就要让你的朋友表现得比你优越。"当我们让朋友表现得比我们优越时，他们就会有一种得到肯定的感觉；但是当我们表现得比他们还优越时，他们就会产生一种自卑感，甚至对我们产生敌视情绪。因为谁都在自觉不自觉地维护着自己的形象和尊严，如果有人对他过分地显示出高人一等的优越感，那么无形之中是对他自尊的一种挑战与轻视，同时排斥心理乃至敌视情绪也就会应运而生。

日常工作中不难发现这样的同事，他们虽思路敏捷，口若悬河，但常

常刚说几句就令人心烦。这种人太爱表现自己，总想让别人知道自己很有能力，处处想显示自己的优越感，以为这样才能获得他人的敬佩和认可，往往结果适得其反。

在这个世界上，那些谦虚豁达的人总能赢得更多的知己，那些妄自尊大、小看别人、高看自己的人总是令别人反感，最终在交往中使自己到处碰壁。

美国最大的一家汽车公司要购买一批材料，他们把所有样品看过后，给三个公司发了参加最后谈判的邀请。成败在此一举，所以三个公司的代表都在积极准备。

在谈判的前夕，A公司的代表突然得了风寒感冒，嗓子肿得说不出话来。事后他说："轮到我进谈判厅的时候，我的嗓子哑得一点话都说不出来。进去后我发现以该公司董事长为首的谈判小组成员全在。我停下来想说话，但一句也说不出。所以我就拿起一张纸，写道：先生们，我的嗓子哑了，不能讲话。然后，我请他们就我的样品发表意见。在后面整个讨论过程中，我所有的语言仅限于微笑、点头和做一些手势，更多的则是倾听。结果没想到，我成功地签下了材料合同，真是出乎意料。"

"我开始一直认为，我的嗓子哑了，这份合同就签不成。结果却完全在偶然的情况下发现，给他人创造说话的机会不无好处。"

如果这位代表不是因为嗓子哑了，而是通过喋喋不休的介绍来宣传自己的产品的话，相信他最后未必能够赢得合同。所以，如果想要人们依照你的观点办事，请遵照这条准则去做："给他人多说话的机会，自己尽量少说。"

很多人都有这样一个共识：多听，会获得很多原本并不具备的能力，而善于倾听更是提高工作质量的保证；多说，也许逞了一时的口舌之快，但不仅不能因此而收获什么，甚至有朝一日会为此付出代价。因此，不论什么时候，请记得给对方创造更多的说话机会，这要比我们自己说好得多。

何先生是一位很有人缘的骨干，他刚到人事局时，在同事中几乎一个朋友都没有。因为他正春风得意，老说有多少人找他帮忙，哪个几乎记不清名字的人昨天又硬是给他送了礼，等等，同事们听了不仅不欣赏，反且还极不高兴。后来经当了多年领导的老父亲点拨，才意识到自己的毛病。从此以后便很少谈自己而多听同事说话了，因为他们也有很多事情要吹嘘，自己吹嘘远比听别人吹嘘更令他们兴奋。后来，每当他与同事闲聊，总是先请对方滔滔不绝地表现自己，只有在对方停下来问他的时候，才很谦虚地说一下自己的情况。

老子曾说："良贾深藏财若虚，君子盛德貌若愚。"这是说商人总是隐藏其财富，君子品德高尚，而外貌却显得愚笨。这句话告诉我们，要敛锋芒，收锐气，千万不要不分场合地将自己的才能让人一览无余。你的长处短处一旦被同事看透，就很容易被他们支配。

夏新自从参加了有关口才和人际关系方面的素质训练之后发现，他过去之所以不受欢迎，不是他说得不好，而是他说得太多。夏新的性格弱点在于，他总想别人应该认识他，理解他，肯定他的才干，却顾不上去理解别人，承认别人。

夏新说很庆幸有这次的训练，并决定按训练课的要求，在交谈中多让别人说话，除非别人主动邀请，一般他不再谈自己了，他要试着运用倾听技巧。其实在刚开始时，他很不习惯，只好强迫自己按课程要求去做。慢慢他发现了倾听的益处，并且也渐渐习惯了一些倾听的技巧，这对他鼓舞不小。之后，每当他发现有人在谈论什么时，便不声不响地凑过去，认真听，并力争融入他们的话题，还会想一些容易回答的问题引起他们谈话的兴趣。后来他惊讶地发现，周围的同事们果真改变了对他的态度。他们慢慢喜欢和他交谈了。

后来，夏新感慨万分地说："我感到'倾听'真是有用，它给我的帮助太大了。它既使我赢得了人缘，又使我赢得了更多的业务和金钱。"

当然，让对方多说，并不是指我们一句话也不说，因为过分沉默也会使对方不好意思继续说下去。我们的目的在于让对方痛痛快快地把话说出来，从而了解对方的心意，因此，必要时应想办法诱导对方多说，不要使对方因为你过分沉默而不能接着说下去。

曾经有个小国的人到中国来,进贡了三个一模一样的金人,把皇帝高兴坏了。可是这小国的人不厚道,同时出了一道题目:这三个金人哪个最有价值?皇帝想了许多的办法,请来珠宝匠检查,称重量,看做工,都是一模一样的。

怎么办?使者还等着回去汇报呢。泱泱大国,不会连这个小事都不懂吧?最后,有一位老臣想出了办法。皇帝将使者请到大殿,老臣胸有成竹地拿着三根稻草分别插入了三个金人的耳朵。插入第一个金人的耳朵时,这稻草从另一边耳朵出来了。稻草插入第二个金人耳朵时,却从第二个金人的嘴巴里直接掉出来,而第三个金人,稻草进去后掉进了肚子,什么响动也没有。老臣说:第三个金人最有价值!使者默默无语,答案正确。

最有价值的人,不一定是最能说的人。老天给我们两只耳朵一个嘴巴,本来就是让我们多听少说的。工作中也是,善于倾听比善于说道更有价值。

张伟在一家国企上班,小小的办公室里就五个人。这天,一个女大学生来实习,正好坐在张伟的旁边,所以,主任要求张伟多带一下大学生。

因为对方是个新人,所以有很多的问题需要张伟指导,张伟也少不了指点她几下。大学生对张伟的关心也很感谢,总是一口一个张哥地叫着。

工作忙起来的时候,张伟中午连饭都顾不上吃,经常一个人在办公室里泡面。那位大学生发现了以后,经常会提前悄悄地给他带一些饭菜,再出去吃。张伟也没觉得有什么不合适的。

这天,大学生又给他带了饭。张伟正吃着,有一个同事提前回来了,看到张伟桌上的饭菜,很是吃惊,问道:“张伟,没见你出去打饭啊,自己带的?”张伟没有多想,顺口说道:“是我们新来的漂亮的女大学生给送的。”同事“噢”了一句就走了。

没想到不久以后,就传出了张伟和女大学生的绯闻。正在努力准备评职称的张伟自然遭到了打击。这样的事一出,后果必然是可怕的,可现在后悔也来不及了。

职场就是战场,我们不小心不行。因此,在职场交谈中,有一些常见话题必须引起注意，最好少说、多听：

(1)私人生活

无论是失恋还是热恋，别把情绪带到工作中来，更别把故事带进来。办公室里容易聊天，千万不要只图一时痛快，就把自己的私事都抖出来。也不要去打探别人的隐私，小心引火烧身。

(2)家庭财产

不是你不坦率，坦率是要分人和分事的，从来就没有不分原则的坦率，什么该说什么不该说，心里必须有谱。就算你刚买了别墅或假期去欧洲玩了一趟，也没必要拿到办公室来炫耀，有些快乐，分享的圈子越小越好。被人妒忌的滋味并不好受，因为容易招人算计。无论露富还是哭穷，在办公室里都显得做作，与其讨人嫌，不如知趣一点，不该说的话不说。

(3)薪水问题

很多公司不喜欢职员互相打听薪水，因为同事之间工资往往有不小差别，所以发薪时老板有意单线联系，不公开数额，并叮嘱不要让他人知道。有的人打探别人时喜欢先亮出自己，比如先说"我这月工资……奖金……你呢?"如果他比你钱多，他会假装同情，心里却暗自得意。如果他没你钱多，他就会心理不平衡了，表面上可能是一脸羡慕，私底下往往不服，这时候你就该小心了。背后做小动作的人通常让你防不胜防。如果碰上这样的同事，最好早做打算。当他把话题往工资上引时，要尽早打断他，说公司有纪律不谈薪水。如果不幸他语速很快，没等你拦住就把话都说了也不要紧，用外交辞令进行冷处理:"对不起，我不想谈这个问题。"

(4)雄心壮志

在办公室里大谈人生理想显然滑稽，打工就安心打工，雄心壮志回去和家人、朋友说。在公司里，要是你没事整天念叨"我要当老板，我要置产业"，很容易被上司当成敌人，或被同事看作异己。做人低姿态，是自我保护的好方法。你的价值体现在做多少事上，在该表现时表现，不该表现的时候就得韬光养晦，但凡能做大事的人，都不是说大话的人。

蚊虫遭扇打，只为嘴伤人。不计后果地信口开河，是人际交往之大忌。无所顾忌地闲聊不仅会打乱自己的工作计划，甚至会让自己的工作变得被动，让工作堆积，压得你喘不过气。因此，学会倾听吧，多听总会让你收获更多；试着少说，多做，实实在在地做好自己的工作，做出成绩，比

什么都有效果。

4

有所为,有所不为

常言道:“君子有所为,有所不为。”在工作中,也应该学会有所为,有所不为,该干的就干,不该干的就要果断地扔在一边;能干的就干,不能干的就想尽办法让别人干,这样才能保证我们既把工作做好,又能轻松自在。

成怡是一名设计师,她的设计感觉很好,设计出来的产品常常令客户拍案叫绝。不过,她知道自己更擅长在纸上设计作品,而不擅长运用计算机软件来设计作品。因此,每次接到上司交代的活儿后,她都会自己手绘设计图,然后再将软件设计部分外包给其他人。这样强强联合,她总是部门里业绩最好的员工,而其他人加班加点,也常赶不上她的成绩。

最近,许静心情特别糟糕,连着两个星期加班加点不说,还老受到上司的批评,因为每次上司来取文件的时候,她才恍然想起还没来得及整理。尽管她已经累得筋疲力尽,但还是不能将全部的工作都处理完毕。而其他同事的任务一点不比自己少,却也没见怎么加班,也没有挨过上司的批评。

一次,许静向同事诉苦,罗列着自己本周的工作任务:“这周五董事长要见一个重要客户,我得为他准备好谈话纲要和一些重要的文件资料;周四咱们行政部要开月总结大会,我得写个工作汇报;周三我要去培训新员工,还得准备一下 PPT 和讲课提纲……今天已经是周二了，我还有一大堆事儿没完成呢，不知道从哪里下手，董事长下午要出差，我得给他订四点的机票。主管还叮嘱我整理一份文件，下班前得交给他。”

同事笑着说：“你先把那些紧急的事务完成了嘛，订四点的机票，赶紧订啊，然后是整理文件。明天的讲课资料，你也要适当准备一下，上班就开课了。周四的例会虽然比周五早，但是工作汇报也不是什么大事儿，不那么重要，倒是周五的活儿，你得早筹备。”

不知道选择，不懂得放弃，胡子眉毛一把抓，肯定只会带来混乱和疲累，到最后整天被工作追着跑，却了无成就，就像许静这样。

在竞争日益激烈的现代社会，生活节奏变得越来越快，人们都活得越来越压抑，越来越没有自己的空间。该干的就干，不该干的就大胆地抛开吧，这样，我们才能使工作更专注、生活更纯粹、心灵更简单，活得更自在。

爱琳·詹姆丝曾经是美国倡导简单生活的专家。作为一个作家、一个投资人和一个地产投资顾问，在这些领域努力奋斗了十几年。有一天，她坐在自己的办公桌前，呆呆地望着写得密密麻麻的日程表。突然，她意识到自己对这张令人发疯的日程表再也无法忍受下去了。自己的生活已经变得太复杂了，用这么多乱七八糟的东西来塞满自己清醒的每一分钟，这简直就是一种疯狂愚蠢的生活。就在这时，她作出了一个决定：她要开始摒弃那些无谓的忙碌，多给自己的心灵一点时间。

于是，她着手列出一个清单，把需要从她的生活中删除的事情都排列出来。然后，她采取了一系列“大胆的”行动。首先，她取消了所有电话预约。其次，她停止了预订的杂志，并把堆积在桌子上的所有读过、没有读过的杂志全部清除掉。她注销了一些信用卡，以减少每个月收到的账单函件。通过改变日常生活和工作习惯，使得她的房间和庭院的草坪变得更加整洁。她的简化清单总共包括八十多项内容。

爱琳·詹姆丝说：“我们的生活已经变得太复杂了。在我们这个世界的历史进程中，从来没有像我们今天这个时代拥有如此多的东西。这些年来，我们一直被诱导着，使得我们误认为我

们能够拥有一切东西,我们已经使得自己对尝试新产品都感到厌倦。许多人认为,所有这些东西让他们沉溺其中并且心烦意乱,因为它们已经使得我们失去了创造力。因为受习惯的生活方式的影响,你每天有多少活动是不得不勉强去做的?追求舒适的习惯和繁琐的例行公事是否让你的日常生活落入浪费时间、浪费精力的陷阱?其实减少那些程式化的活动,并不会因此减少快乐的机会。"

人生负重有时候是因为我们额外地增加了一些不必要的工作,表面上看起来,我们是有所追求,是积极向上,但是仔细分析之后就会发现,我们陷入了为忙碌而忙碌的怪圈之中。为了不承担懒惰、消极的恶名,或者为了一些可有可无的消费享受,我们把自己弄得团团转,这实在是一种错误的心态。

忙碌的人们,该清醒一下了,仔细分析一下,就会发现总有些东西需要放下。摒弃那些多余的东西,不要让自己迷失方向。贪婪导致人们占用大量的时间和精力,而这些时间和精力本来可用在我们真正想做的事情上。

如果你已经习惯按部就班地完成所有的工作任务,在每件事情上都付出均等的努力,但是你的业绩却毫无起色,那么就要改变这种情况。以下的一些建议也许对你有些帮助:

首先,选择你最适合、最感兴趣的项目来做。一般来说,人们从事自己最擅长或者最感兴趣的工作时,将更加专注和用心,因此其工作成果也将更加突出。你更可能付出少,得到的回报多。

其次,抓住工作任务的重点和关键,以实现最优的工作绩效。例如销售中的"二八法则"告诉人们:80%的业绩来自于20%的客户。因此,如何抓住这20%的客户就变得非常重要。也正是在这一规则的指引下,许多金融机构都为那些大客户设置了专门通道,为他们提供更加便利的服务。当然,抓住这20%的客户,也不能忽略其他客户,将他们介绍给同事也许是一种不错的方法。

最后,你不必对任何事情都事必躬亲,有时候不妨借助其他人的力量来完成那些不重要的工作或者你不擅长的工作。

习惯驱使我们去做一些日常琐事。我们总是担心如果不去做,就会失去某些东西。其实,也许我们的确会失去什么东西,但是这没什么不好,我们还是好好地活着,而且活得更潇洒了,因为我们再也用不着试图去做所有的事情。看看那些在人类的艺术领域、音乐领域、科学领域做出过卓越贡献的人,如毕加索、莫扎特、爱因斯坦,这些人的生活方式都极为简单。他们全神贯注于自己的主要领域,获得了丰富精彩的人生。

闲暇之余,你不妨拿出一张纸来,列一个表,把自己的娱乐方式和娱乐项目列出来。想想野炊或野营,自制个轮船模型,锻炼一下身体或种点花草,甚至读书、画画、写文章都挺有趣的。虽然这些娱乐游戏和活动很简单,但它会让你感到开心。

伟大的哲学家尼采曾经说:"所有的伟大思想都是在散步中产生的。"生活中,有些不起眼的行为能让你感到轻松舒适,散步就是其中最好、最简单、也是最廉价的一种。

适当的时候,你需要舍弃一些无谓的忙碌,给自己的心灵放个假。当面对工作的压力,再也无力应战的时候;当遇到烦心事,思绪混乱的时候,不妨给自己一个安静的环境,去公园逛逛,欣赏一下姹紫嫣红的美景……这时你会突然发现:天是那么湛蓝,云也分外洁白,这个世界真的好美丽,而这时自己也会拥有一份好心情!

舍掉一些无谓的忙碌,时常给自己的心灵放个假,不但会使你疲惫的神经得到适时的放松,也会让你接下来的工作更加卓有成效。

5 职场没有苦劳,只有功劳

有些员工自以为工作努力,为企业付出了很多,虽然没有多大有功劳,但苦劳还是有的,并且还以此自居,认为自己是企业离不开的有功之

臣，这样的想法实在是很幼稚。在现代职场，一切凭业绩说话，你付出再多，没有业绩，也是白搭，现代职场绝不相信苦劳，只相信功劳。所以，千万不要因苦干勤奋而骄傲自满，更不能得过且过，任由工作牵着自己的鼻子走。没有成果的工作不过是在浪费时间，不论你多么努力，都是在虚度大好时光。

刘秋明是某中小型企业的部门经理，一天24小时埋头苦干。每天早上，他都比其他员工提前30分钟到公司，仔细阅读日报和经济报，了解业界的发展动向。同时，他还通过公司内部网络来检查职员的工作情况。整个上午，他需要参与各种提案的讨论。下午又忙于参加外部会议。一整天，职员们都很难在刘秋明的座位上看到他的影子。直到下班时间，他才得以抽出时间指导一下职员们的业务进展。为了迎合他的日程安排，职员们都得饿着肚子加班。职员们为此对刘秋明极为不满。

很多职员私下里嘲讽他。认为刘秋明之所以得到总经理的厚爱，都是因为他忠诚，还有肯耗时间。可站在公司的立场上，他们并非只需要忠诚的员工。公司看重的是业绩，与成本成正比例的业绩。与那些正点下班的部门相比较，刘秋明的部门并没有取得骄人的业绩。最终，刘秋明得到的也不过是“足够勤奋”的评价。不到一年，他就被免职了。

刘秋明以这样的工作状态工作并非是一两天，从作为新职员进入公司的那天起，刘秋明就早出晚归，比任何职员工作的时间都长。正是通过长期的苦干，他才取得了一定的成绩，坐上了部门经理的交椅。我们并不是说，老实本分地苦干不重要，但不论怎么干，重要的是做出成绩，漂漂亮亮地完成工作任务，按时做好该做的工作，而不是怎么苦干都没有成绩，天天加班还拖后腿。这样的员工无疑是难以受到欢迎的。

事实上，最令公司领导头疼的就是那些“勤奋但业绩平平的人”。因为在公司领导看来，勤奋固然重要，但是业绩更加重要。刚入职的头几年，通过努力工作，我们能够得到领导的赏识。正是因为领导的赏识和认可，我们才认为只要努力工作，就能解决一切问题。我们开始疏忽“工作目标”和“工作效率”，把自己的生死大权全部交托在“努力”二字上。

没有成绩的工作，不论多么努力，都等于瞎子点灯——白费蜡，没有半点效率。到头来，不过是浪费了金钱、时间等资源。

一个七八岁的瑞士小男孩在一家超市的厕所里待了很久还不出来，他妈妈非常着急，此时一位男记者刚好经过。小男孩的妈妈就恳求记者进去找他，记者进去后，大吃一惊，原来他发现小男孩满头大汗在修抽水马桶，想把马桶冲干净。那小男孩还以一种毋庸置疑的口吻说："马桶没冲干净怎么可以走呢？"

小男孩的一句"马桶没冲干净怎么可以走呢？"不知让多人职场人士自叹不如。是的，关键在于马桶是否冲干净了，而不是到底冲了多少次。倘若没有一个有效的结果，你再忙再累再苦也是白费。如果你是一个经常抱怨"忙死了"的人，那你可要注意了。你也许是在宣告"我是一个勤奋、努力工作的员工"，可这一切在别人听来，你也是在宣告"我是一个没有工作结果，不会安排工作先后顺序、手忙脚乱的员工"。

工作不论多么繁琐，都有适当的处理顺序。只要按照顺序有条不紊地进行，你就不会变成一个"忙死了"的职员，也不会比其他职员多浪费5～10个小时来工作。

除了你自己，没有人可以详细掌控你的工作进度。因此，我们要像个老板一样，积极有效地引导自己的工作向有利的方向发展。只要掌握工作的核心要素，其他阶段都可以有条不紊地向着目标进行。

在工作中，要把力气花在与工作目标相关的事情上，直接创造工作成果。有效率地工作的关键就是效率。在工作开始之前，我们就应该知道该取得什么样的结果。同时，我们头脑中还要盘算好工作完成的时间、质量和要达到的要求，多想想"现在我所做的工作与成果有什么关联"，"怎么做才能与公司的目标保持一致"，"上司把这个工作交给我的意图是什么"，先解决了这些问题，我们才能提高工作的效率，保质保量地完成工作。反之，一味地"为了工作而工作"，就会被工作追着跑了。

所以，要记住，关键不在苦劳，而在功劳；重点不在你付出了多少，而在于效率有多高。只有高效工作，才能轻松工作，掌控工作，而且达到自己的目标。

第九章

不钻牛角尖：凡事没有尽善尽美

“金无足赤，人无完人。”凡事不苛求自己是一种良好的生活态度，更是一种积极的工作态度。而一些人却总是在追求完美，总是渴望做出毫无瑕疵的成绩。殊不知这样的后果只能是浪费更多的时间和精力，结果反而没能做好任何事情。

1 不必苛求完美

有不少人，由于过分追求完美，看到一个小问题，就想把它解决掉。但越是这样追求完美反而越延误工作进程，往往把自己搞得筋疲力尽了，工作却还在拖后腿，停滞不前，到最后，反而迷失了最初的目标和方向。

一个刚进公司不久的年轻人，测试一个软件的版本，该版本在网上运行了一段时间后，暴露出来一个问题，即某个判断语句少了一个判断条件，但改起来较为简单。

可是，这个年轻人兴师动众，三番几次地到测试部打探测试的步骤和原理，又几次三番地找来原设计人员，研究设计原理和思路，后来干脆抱来几大本厚厚的电脑宝典，仔细地研读起来，直到身体疲惫不堪，还没有解决问题。

十全十美的事是不存在的，完美只是人们的一个目标、一个方向和一种憧憬，不应该成为我们做事、做人和干工作的标准。

世界上本来就没有完美无缺的人与事。中国有一句古训："人无完人，金无足赤。"人一走向绝对，就走入了误区。但是在现实生活中，无数的人却不止一次地犯着同样的错——过分追求完美。他们常常在生活中寻找完美之人，不仅是对自己的各个方面要求做到完美，也要求别人是完美的。正是由于陷入这种误区，才使得很多人错失良机，失去友情、爱情，失去自我，以至于改变了对世界、生活的看法。

一位未婚的先生来到一家婚姻介绍所，进入大门后，迎面见到两扇门。一扇门上写着"美丽的"；另一扇门上写着"不太美丽

的”。于是他推开“美丽的”门，迎面又见到两扇门。一扇门上写着“年轻的”；另一扇门上写着“不太年轻的”。他推开“年轻的”门，迎面又见到两扇门。一扇门上写着“善良温柔的”；另一扇上写着“不太善良温柔的”。他推开“善良温柔的”门，又见到两扇门。一扇门上写着“有钱的”；另一扇门上写着“不太有钱的”。他推开了“有钱的”门……

就这样一路走下去，他先后推开过美丽的、年轻的、善良温柔的、有钱的、忠诚的、勤劳的、文化程度高的、健康的、具有幽默感的九道门。当他推开最后一道门时，只见门上写着一行字：“您追求得过于完美了，这里已经没有再完美的了，请您到大街上找吧。”

原来，此时的他已经走到了婚介所的出口。

哲人说：“完美本是毒。”事事追求完美其实是一件痛苦的事，追求完美是毒害心灵的药饵！

这个幽默故事中隐藏的寓意不仅仅存在于婚姻中，在职场中也并不少见。如果如此执著于完美，最终只会一无所获。

世界上没有完美的人和事，我们不必去苛求完美。美国作家哈罗德·斯·库辛写过一篇《你不必完美》的文章，在文中，他写了这样一个故事：

因为在孩子面前犯了一个错误，他感到非常内疚。他思忖自己在孩子心目中的美好形象从此被毁，怕孩子们不再爱戴他，所以他不愿意主动认错。在内心的煎熬下，他艰难地过着每一天。终于有一天，他忍不住主动给孩子们道了歉，承认了自己的错误，但他惊喜地发现，孩子们比以前更爱他了。他由此发出感叹：人犯错误在所难免，没有人期待你是圣人。

一个“完美”的人，从某种意义上来说，也是一个可怜的人，体会不到残缺美。在生活与工作中，不存在完美，完美都是相对的。维纳斯是美的，她的断臂使她的美成为残缺的美，可谁又能说她不美呢？从某种意义上讲，残缺的美才是真实的、可爱的。正因其残缺，才能让人有更高的期待。

上帝是公平的，它赐予每个人以生命与死亡。上帝是不公平的，它在赐予每个人令人羡慕的美德，同时也赐予种种缺陷。所以，不必苛求完美。

工作也是如此，过于苛求完美，只会让自己不胜其累，最终被工作压垮。

杰西现在是一家法国公司的中国区总裁。他的办事能力在同龄人当中总是那么出类拔萃，眼光犀利、判断准确、有决断力，而且办事效率高、效果好。下属都很佩服他。

唯一让人觉得不满的是，他苛求完美，一旦下属办事不能满足他的要求，或者做事不能和他一样高效，他那副很生气很失望的样子就会毫不掩饰地表露出来。这让在他手下做事的人常常有如履薄冰之感。久而久之，他越来越不敢放手让下属做事，很多事情都是亲力亲为，这势必让他辛苦不堪，而手下也没有得到应有的训练。他觉得很无奈，难道是自己的管理能力出了问题吗？

我们应该看到自己的优点，也应该接受自己的缺点。如杰西一样的精英人士通常都有一个通病，那就是苛求完美，对他人和自己毫不宽容。他们本身能力很强，认为别人也应该和他们一样。一旦别人不能100%达到他们的期望值，他们就会很不满意。

有这类职场通病的人首先应该调整心态，要知道不是每个人的能力都像你一样强，正是因为你能力强，所以才能成为别人的上级，别人才会成为你的下属。如果别人能力和你一样强，那就应该是你的同级或者你的上司了。下属做事不可能100%地达到你的期望值，一般而言，有80%的满意度就不错了。其次，应该学会放手让下属做事，哪怕这样效率低一点，也是必要的。因为下属没有做事的机会，得不到你的指导，那么他的能力永远上不去，也就永远是你的孱弱之兵。再次，上司对下属的信任会让一个团队更加融洽，信任的力量甚至可以成为下属奋斗的动力。

其实很多痛苦和烦恼都是自己给自己的。有的人总是在枉费大量的时间和精力试图控制一些自己本来没有，或者与自己根本无相关的事物，而同时却忽视了自己应当去处理、去关照的分内的事情，反而使工作既低效又紧张，让自己手忙脚乱。所以，太过苛求完美，工作反而会不美。

世界上不存在完美无瑕的事物，工作和生活都是如此。但是，不苛求完美并不是让我们不追求完美，任何时候我们都要有向着完美无限靠近

的态度,尽心尽力做到更好。

一个冬天,猎人带着猎狗去打猎。猎人一枪击中了一只兔子的后腿,受伤的兔子拼命地逃生,猎狗在其后穷追不舍。可是追了一阵子,兔子跑得越来越远了。猎狗知道实在是追不上了,只好悻悻地回到猎人身边。猎人气急败坏地说:"你真没用,连一只受伤的兔子都追不到!"

猎狗很不服气地辩解道:"我已经尽力而为了呀!"

而兔子带着枪伤成功地逃生回家后,兄弟们都围过来惊讶地问它:"那只猎狗很凶呀,你又受了伤,是怎么甩掉它的呢?"

兔子说:"它是尽力而为,我是竭尽全力呀!它没追上我,最多挨一顿骂,而我若不竭尽全力地跑,可就没命了呀!"

不苛求完美,但对待工作时,我们必须有竭尽全力的态度。每个人都有极大的潜能。谁要想出类拔萃、创造奇迹,仅仅做到尽力而为还远远不够,必须竭尽全力才行。努力向更高、更远的目标迈进,就有可能达到尽善尽美。

其实,我们追求更好、更完美,最重要的不是是否能真正得到最完美的结果,而是我们拥有这种永不满足、永远积极进取、积极向上努力的态度,只要拥有这样的态度,即使做得并不完美,也是优秀。

不能苛求完美,但不能放弃追求完美,因为只有这样,我们才能真正减少工作的烦恼,把工作做到更好。

2 决策完美了,机会却没了

机会是许多复杂因子在运行时偶然凑成的一个有利于你的空隙。这个空隙稍纵即逝，所以，要把握时机确实需要眼明手快地去“捕捉”，而不能坐在那里等待或拖延。

居里夫人曾说：“弱者等待时机，强者创造时机。”因为无谓的等待往往是人们失败的最大原因，特别是对于想成就一番事业的职场人来说，更是如此。所谓“创造时机”，不过是在万千因子运行之时，努力加上自己的这万千分之一的力量，希望把“机会”的运行有利于自己而已。林语堂博士的故事，正是善于抓住机会的范例。

有一天，一位先生宴请美国名作家赛珍珠女士，林语堂先生也在被请之列，于是他就请求主人把他的席次排在赛珍珠之旁。席间，赛珍珠知道座上有很多中国作家，就说：“各位何不以新作供美国出版界印行？本人愿为介绍。”

座上人当时都以为这是一种普通敷衍说词而已，未予注意。独林语堂当场一口答应，回来后即花了两天时间，搜集整理了发表于中国的英文小品，送给赛珍珠。赛珍珠因此对林语堂印象特别好，并全心全意帮他出版了。

据说，当日座上客中尚有吴经熊、温源宁、全增嘏等先生，他们的英文造诣，皆不在林语堂之下，如果他们当天也能像林语堂一样认真对待这件事，将自己的作品也整理了送给赛珍珠，请她帮忙的话，那在美国名气大涨的就不一定是林语堂了。

由这段故事看来，一个人能否成功，固然要靠天才与努力，但善于创造时机，及时把握时机，不因循、不观望、不退缩、不犹豫，想到就做，有尝试的勇气，有实践的决心，也非常重要。所以，尽管说，有人的成功在于一个很偶然的机会，但认真想来，这偶然机会能被发现，被抓住，而且被充分利用，却又绝不是偶然的。所以，面对机会一定要当机立断，而不要徘徊观望，举棋不定，等决策好了，机会却溜了，得不偿失。

徘徊观望是成功的大敌。许多人都因为对已经来到面前的机会没有十足的把握和信心，而在犹豫之间把它轻轻放走了。然而，“机会难再”这话是对的，因为即使它肯再来光临，但假如你仍没有改掉徘徊瞻顾的毛病，机会还是照样要溜走的。因此，从这一点来说，做事过于谨慎其实是拖延的一种表现。喜欢拖延的人总是有许多借口，比如工作太无聊、太辛苦、工作环境不好、老板的计划不合理，等等。

其实,这些都是能够克服的。因此,若想把握工作的主动权,不被工作追着跑,就一定要养成遇到困难就马上行动解决的好习惯,不管需要用什么方法。那些事业成功的人都会谨记工作期限,并非常明白,在所有老板的心目中,最理想的是“今日事,今日毕”。

很多事都是不能等的,一等机会就会错失,只有不断地前进,才能随时抓住机会。当被问到:“你打算什么时候实现高薪梦想呢?”大多数人都会这样说:“我会先学习业务,然后再参加个社会培训班,我还需要学习英语,和上司同事们的相处也需要花点时间,大概需要几年的时间吧。”

一想到还需要几年才可能会达到高薪,是不是很令人泄气?事实上,你完全可以更高效一些。你在等什么,还有什么没准备好?最消磨意志、摧毁创造力的事情,莫过于拥有梦想却一味拖延迟迟不肯行动了。

在现实生活中,我们也往往是心动的时候多,行动的时候少,把希望放在今天,而总把行动留在了明天、后天。梦想着成功,却没有付诸行动。真正的成功者,则是把行动放在现在,把希望放在未来。

20世纪70年代,美国有一个叫法兰克的年轻人,由于家境贫困,他去芝加哥寻求出路。在繁华的芝加哥转了几圈后,法兰克没有找到一个能够容身的处所,于是便买了把鞋刷给别人擦皮鞋。

半年后,他用微薄的积蓄租了一间小店,边卖雪糕边擦鞋。谁知道雪糕的生意越做越好,后来他干脆不擦皮鞋了,专门卖雪糕。

如今,法兰克的“天使冰王”雪糕已拥有了美国70%以上的市场,在60多个国家拥有总数超过4000多家的专卖店。

几乎与法兰克同时,有一个叫斯特福的年轻人也到达了芝加哥。斯特福上了大学,还读了研究生,他的父亲是一位富有的农场主。

就在法兰克给别人擦皮鞋的时候,斯特福住在芝加哥最豪华的酒店里进行市场调查,耗资数十万。经过一年的周密调查,斯特福得出的结论是:卖雪糕一定很有市场。当斯特福把结果告诉父亲时,遭到了强烈的反对而迟迟没有付诸行动。后来,又经过一番精确调查后,自己还是觉得卖雪糕的生意好做。一年后，他终于说服了父亲，准备打造属于自己的雪糕店。而此时，法兰克的雪糕店已经遍布美国，他最终只能无功而返。

想成就一番伟业的人多如过江之鲫，而结果往往是如愿者不足一二，平庸者十之八九。这里除了机遇、胆略、资金因素外，更重要的是大多数人一直处于思考、梦想、迟疑状态，从而习惯性地推延行动。在犹豫中错过了良机，这样一晃，可能就是一生。只有少数人，不仅有思考的能力，而且还是积极行动的巨人。

行动孕育着成功，行动起来，也许不会成功；但不行动，永远不能成功。所以，从现在开始，积极行动起来，认真对待每一件工作，当机立断，不放过任何机会，把工作紧紧掌握在自己手上，让工作向着既定的目标前进。只要我们紧紧抓住行动这根弦，必然能弹出职场美妙的音符，让工作服服帖帖，听从我们的指挥，把机会握在手中，赢得职场的成功。

3 退一步你可以前进三步

《菜根谭》中曾这样说："经路窄处，留一步与人行，滋味浓者，减三分让人尝。此涉世一极安乐法。"有时候退一步，是为达到前进三步的目的。

一个在国外某著名学府就读的非常优秀的学子，某天在和别人谈到她的成长历程时，说父亲的一句话让她受益一生。

在她上小学的时候，成绩一直很好，因而对自己的要求也很严格。有一次，数学考试丢了一分，回来很伤心地哭了。父亲等她平静下来以后，对她说："孩子，如果你做得很累而且做得很不快乐才做到了最好，那么，你不如退而求其次，只要求自己做到良好吧。做到良好对你来说很容易，这样便是最好啊。"

正是这句话培养了她对学习的真正兴趣，她真正的进步也正是从那时候开始的。

在不能前进的时候，你是否想过后退一步呢？退并不意味着放弃，而是一种谋略。后退并不是软弱，一时的退让只是为获得更大利益所做的铺垫和准备。

春秋时期，晋文公重耳因为遭受陷害，被迫离开晋国逃亡。在逃亡过程中，晋文公受到楚成王的厚待，当时他就承诺说："要是他当了国君，希望晋楚两国永远和好，但是万一两国开战的话，他一定会命令本国军队退避三舍（一舍为三十里），来报答楚国的恩情。"当时，楚成王笑了笑，并未当真。

后来，晋文公在秦国的帮助下，回国即位。公元前634年，楚国以宋国投靠晋国为由，派成得臣率兵攻宋，宋国派人向晋国求救。晋国于是决定派兵攻打楚国的盟国曹、卫。这样，晋楚两国直接干上了。

这时，晋军的力量虽稍弱于楚军，且又远离本土作战，但已占领曹、卫两国作为前进的基地，而且齐、秦已与晋结成联盟，也很有实力。当晋、楚两军直接相对，正要开战时，狐偃对晋文公说："当初您在楚国为客时，曾对楚王说，万一交战，晋军一定退避三舍。现在可不能失信啊。"晋文公听了不语，身边的部将都纷纷反对。狐偃又说："成得臣虽猖狂，但楚王的恩情我们不能忘。我们退避三舍正是对楚王表示谢意，并非怕成得臣啊。"大家听狐偃讲得有道理，就同意了。

楚军见晋退兵，以为晋军害怕了，就在后面追。晋军将士奉命撤退，见楚军这样气盛、猖狂，不由得暗下决心，一定要打败楚军。

晋军一退就是九十里，待扎下营来，成得臣派人送的战书也到了。第二天两军对垒，都想借此一仗置对方于死地。交战开始，晋军主帅先辛左派三军中的下军去攻由陈、蔡联军组成的楚军中的右军。这是一个薄弱环节，晋军一次冲锋就将陈蔡联军击溃了。接着，晋军主帅又命上军主将狐毛假充晋军主帅，迷惑对方。楚左军主将斗宜申看见晋军主帅旗，即指挥兵士冲杀过来，狐毛抵挡几下假意败逃，楚军不知是计，紧紧追赶。眼看就要追上，忽听一阵鼓声，晋军主帅率领精锐部队拦腰杀出，狐毛也率队反击，两边夹击，楚军顿时慌乱。成得臣见势不好，急令收兵，才避免发生全军覆没的悲剧。

实际上，晋军的“退避三舍”，是晋文公图谋战胜楚军的重要方略。在客观上，“退避三舍”也能起到麻痹楚军、争取舆论同情、诱敌深入、激发晋军士气等多重作用，将晋军的不利因素变为了有利因素，为夺取决战胜利奠定了基础。

有进有退，能屈能伸，这是一个人成功的必要条件。一个人若想成就自己的事业，就必须拥有一个冷静的头脑。以退为进是一种大智慧，“退”从某种意义上说，是暂时的隐忍，勾践若不卧薪尝胆，何以作出“三千越甲可吞吴”的壮举；韩信若不忍胯下之辱，何以有“功高无二，略不世出”的成就。连老子都说“以退为进，以与为取”，可见“退”是一种高明的谋略。

企鹅上岸很有意思，它先是猛地从海面潜入水里，尽力沉下去，直到一定的深度，才会奋力向上，犹如离弦之箭，漂亮地冲上岸。企鹅尽管身躯肥胖笨拙，却能借助海水的压力和浮力，以让人意想不到的特殊方式上岸。

企鹅这种上岸方式，其实也是一种蓄势待发、以退为进的策略。沉得足够深，才有力量浮上来。

我们做工作也是这样，与其临渊羡鱼，不如退而结网，在明知不可为的情况下，选择暂时的退却，做好一切准备，换种方式再前进，更是一种掌控工作的明智之举。

瞿明原是某外资公司的营销经理，几十年的销售经验，让他从部门经理做到了总经理助理的位置，但是，在竞争市场总监的职位时却被一个三十出头的年轻人给打败了。

这让瞿明非常沮丧，甚至灰心。虽然总经理一再挽留，但他考虑再三，还是离开了竞争激烈的外企，跳槽到了一家实力相对来说弱一些的民营企业，丰富的经验让他入职不久便坐上了副总裁的位置。

每当回忆起这段往事时，瞿明都不禁感慨：“我年纪较大，虽然有一定的资历和工作经验，但跟外企里那些高学历、精力充沛

的年轻人相比，劣势也逐渐显现出来了，不管是知识结构，还是工作精力，都不如人了，与其将来狼狈地被人挤走，不如趁此机会主动跳槽，找一个更适合自己的环境。现在的民营企业比较缺乏人才，再说自己还掌握着外企的管理技巧，完全可以作为新鲜血液注入新东家。何况，跳槽之后，薪水翻了一番，而且权力也变大了。现在，领导着近百名员工，很多以前在外企做不到的事情，现在都轻而易举地做到了，很有成就感。”瞿明很庆幸自己当时敢于急流勇退，要不然，自己很可能会就此止步，不仅工作不开心，还会一无所成。

以退为进并不是要真的退到卑微的位置，永远被尘埃掩埋。退的目的是为了进，因此，职场员工在“退”的同时一定要采取适当的方法，制订周密、详尽的战略计划，以守为攻，逐步实现自己的目标，打一场漂亮的职场战役。这种方法的好处很多，它可以以假乱真、以虚掩实，它反语正说，虚实不定；以退为进，表面上的隐忍、退让，实际上是为日后的成功奠定基础。凡事别那么逞强，收敛一点儿，将来才有机会一鸣惊人，而且不会遭到他人的排挤和嫉妒。这样，工作起来岂不是要惬意顺心得多！

4 工作很累只因为太在乎

很多人觉得工作很累，不仅仅因为手头工作紧张，而是对于那些已经过去的事情，已经浪费掉的时间耿耿于怀。然而，已经发生的事情已经做过的工作再在乎也只能是枉然，再花时间去想它已经变得毫无意义。因此，不要再浪费自己宝贵的时间去在乎那些不可挽回地过去了。

职场风云变幻莫测，忽高忽低，我们每个人时时都会面临失败跌倒的威胁。

“事情为什么会这样?”“为什么我的状况如此糟糕?”这些问题只会把我们的注意力和关注点指向某件纠结的事情上,把我们带到过去某个时刻而迟迟回不到现在,回不到此时此地,如果时间已经浪费了,还总是反复问这样的问题,而不是积极寻求解决问题的方法,这样并不能让此刻过得更好。活在过去某个时刻就意味着当下的每分每秒都是无谓的牺牲。

一分钟很短,但比59秒长,所以要珍惜每一分钟。在佛经里最短的时间单位是一刹那,相当于1/75秒,而一闪而过的念头有90刹那,每天我们脑海中的意念很多,光是这些意念的生灭就得花不少时间。一项科学研究发现,人们会用一半时间处理这些意念,如做白日梦、畅想未来、打捞过去、思念某个人等,神游太虚的时间可以占到一天的46.9%,这是一个惊人的数字。

可见我们每天浪费了多少宝贵的时光在做一些无谓的胡思乱想。如果我们能抛弃这些胡思乱想,而是珍惜每一分每一秒的时间来脚踏实地地做我们该做的事,才不会浪费这大好的时光,不会为失去而哭泣。做好当下,活在当下,才能更加珍惜当下,重视当下,学会关紧昨天和明天这两扇门,过好每一个今天,活在每一个刹那。

有一个著名的寓言故事《挤牛奶的女孩》或许可以给我们一些启示:

有一个农村小女孩每天负责挤牛奶。虽然生活辛苦平淡,但她却非常喜欢幻想。这天一大早她就挤了满满的一大罐牛奶。她高兴极了,将牛奶罐顶在头顶上开始了幻想。如果将这一罐牛奶拿到市场上去卖掉,就可以买到十只鸡蛋,十只鸡蛋可以孵出十只小鸡,等小鸡长大后,每只母鸡又能生下很多蛋来,如果再将这些蛋又孵化成为鸡,那么,她很快就可以拥有一个巨大的养鸡场了……

想到这里,她忍不住笑了起来,谁知牛奶罐因她大笑而失去平衡摔了下来,掉到地上砸得粉碎,白花花的牛奶淌了一地。一切都消失了,一切都不可能了。她蹲在地上大哭起来。但不管她怎么哭,一切都无法挽回了。

与其花时间去悼念一罐打翻的牛奶,不如想办法收拾好破碎的罐子,

重新挤出一罐更新鲜的牛奶来。人和时间结伴而行，一个在过去，一个在当下，步伐不一致，走起来也是磕磕绊绊的。这一点，对于职场员工来说，更是难能可贵——不停留在过往的失败，只着眼于问题的解决，让工作更快完成。

东汉大臣孟敏在其年轻时，曾经卖过甑。一次，他的担子掉在了地上，甑被摔碎了。但他并没有悲伤，而是头也不回地径自离去。旁边有人看见了，于是问他："坏甑可惜，何以不顾？"孟敏十分坦然地回答说："甑已破矣，顾之何益。"靠卖甑过活，与生计息息相关，对于孟敏来说是珍贵之物，可是甑已摔破，是无法改变的事实，无论再怎么觉得可惜和心疼，顾之再三，也只能是枉顾，因此，他选择了径自离去。

甑已被摔碎，此刻即将过去，下一秒滚滚而来，如果不着手当下，就会有更多的甑被摔碎。逝者已矣，来者犹可追，全身心地投入工作，而不是无谓地眷恋和自责，这样就可以真正关注当下，把当下的工作做好，从而使工作更顺畅。如果总是沉迷于过去，只会让自己裹足不前。

有一匹著名的良种赛马——约翰·格里尔，它曾经取得过许多次赛马比赛的好成绩，被认为是1902年7月比赛中的种子选手，很有希望能够获胜。因此，它被精心地照料、训练、并被宣传为唯一能击败老牌名赛马"战斗者"的马匹。

很快比赛就到来了。这天是一个极为庄严隆重的日子，所有人的目光都聚集在了起跑线上。当这两匹马沿着跑道并列跑时，人们都清楚格里尔是在同"战斗者"作殊死较量。

在跑了四分之一的路程时，它们不分高低；跑了一半的路程，跑了四分之三的路程，它们仍然不分高低。在仅剩八分之一路程的时候还是齐头并进。然而就在这时，格里尔使劲向前蹿去，跑到了前面。

"战斗者"骑手在赛马生涯中第一次用皮鞭持续地抽打着坐骑。"战斗者"感到这位骑手似乎在放火烧它的尾巴，就猛冲到前面，同格里尔拉开距离。比赛结束时，"战斗者"比格里尔领先七个身长。

格里尔原是一匹斗志昂扬的马，但是这次经历却把它打败了。它从此消极、悲观、一蹶不振，背上了过往失败的包袱，后来再也没有获得过胜利。

人虽然不是马，但是有“格里尔”精神的人却大有人在。他们尽管也有过辉煌的时刻，但是当他们一遇到挫折，就变得委靡不振、耿耿于怀，他们悲观、失望，看不到希望的灯火，从此一败涂地。

为什么很多人都觉得工作很累？那是因为他们沉迷于过往，背上了对过去耿耿于怀的重担。要想改变这种现状，我们就必须要改变我们的思想，更换我们的态度，把眼光放得长远点、从过去跳出来，以新的面貌、新的气象、新的精神、新的形象投入工作，从而改变工作，也改变自己的职场之路。

5 学会忘怀之道

生活中不顺心的事十有八九，要做到事事顺心，就要做到放得下，不愉快的事让它过去，不要放在心上。忘怀是忙碌时的树荫，它让我们在燥热疲倦时，有机会休息，使体力恢复过来。然而，怎样才能做到忘怀呢？

小和尚和老和尚一起去化缘，小和尚毕恭毕敬，什么事都看着师父，走到河边，一个女子要过河，老和尚背起女子过了河，女子道谢后离开了，小和尚心里一直想着，师父怎么可以背那个女子过河呢？但他又不敢问，一直走了20里，他实在憋不住了，就问师父，我们是出家人，你怎么能背那女子过河呢？师父淡淡地说：“我把她背过河就放下了，可你却背了她20里还没放下。”

人的一生像是一次长途跋涉，沿途会看到各种各样的风景，历经许许多多的坎坷，如果把走过去看过去的都牢记心上，就会给自己增加很多额

外的负担，阅历越丰富，压力就越大，还不如一路走来一路忘记，永远保持轻装上阵。过去的已经过去了，时光不可能倒流，除了记取经验教训以外，大可不必耿耿于怀。

乐于忘怀是一种心理平衡，需要坦然面对生活。有些人能够忘记失意时的尴尬和窘迫，却对顺境时的得意津津乐道，岂不知成功和失败一样会留在过去，老是沉湎过去不能释怀，常常说我年轻那会如何如何，拿明日黄花当眼前美景，让过眼烟云在心头永留，沾沾自喜，自鸣得意，陷自己于虚妄之中，便会不思进取，裹足不前。“好汉不提当年勇”是有道理的。而反复咀嚼过去的痛苦，永远一脸的苦大仇深就更不足取了。印度诗人泰戈尔说过“如果你为失去太阳而哭泣，你也将失去星星。”为鸡毛蒜皮斤斤计较，为陈芝麻烂谷子耿耿于怀，只怕心灵之船不堪重负，记忆之舟承载不下，会让痛苦的过去牵制住未来。

有首禅诗吟咏道：“春有百花秋有月，夏有凉风冬有雪。若无闲事挂心头，便是人间好时节。”一个人如果学会了忘怀之道，不愉快的心情自然会消失，取而代之的将会是勃勃生机，成功将向你再度招呼。然而，忘记也需要选择，有些人、有些事在你的一生中是无法忘怀的，也不该忘怀的。

宋杰是某五金行拓展部的经理，而且是从最底层的员工做起的。因此，很多员工都对他非常崇拜。看到宋杰每天工作的精气神，员工们更是好奇了，纷纷问道：“宋经理，你是怎样从一个最底层员工做到部门经理的呢，而且每天都这么有精神？”每当这时，宋杰总会微笑着说：“谁能允许自己犯错，谁就能收获更多；谁没有勇气犯错，那就难以有所突破。尝试错误是进步的前提，只是在面对挫折和失败时，一定要调节好自己的状态，对自己充满信心，并从失败中汲取教训。”

如果把遭遇挫折比作一堵墙，心理不成熟者撞墙后的态度是痛苦，抱怨自己是天底下最不幸的人，而心智成熟的人则或找梯子翻过这堵墙，或绕过这堵墙。用自己加倍的努力来超越挫折，超越失败，从而获得成功。

美国作家马尔科姆·格拉德威尔通过多年研究，得出10000小时定律，他认为天才不过是做了足够长时间练习的人。神经科学者丹尼尔·莱维汀这样写道：“随着研究不断深入，作曲家、篮球运动员、作家、溜冰选手、钢琴师、棋手，甚至江洋大盗，无论你从事什么职业，10000 小时这个神奇数字一而再、再而三地不断出现。”这个数字是他们为他的天才般的成功而付出的努力的代价。不经历风雨怎么见彩虹，不经过磨炼怎么能成功？失败寻常事、辛苦寻常事，如果一次挫折就让你倒地不起，不能持之以恒地付出超过一万个小时的艰苦努力，你永远品尝不到成功的果实，也永远不可能轻松地走在工作的前面。

“一生倒有半生总是在清理一张桌子。”台湾诗人隐地的这句诗说得有点夸张，但却是很多人的体会。办公桌一个月不清理，很多人几乎无法在三分钟里找到自己要的文件。人生同样如此，需要及时清空，只有懂得忘怀之道，才能大踏步前行。而作为职场人，不妨将曾经的失败与苦恼丢到一旁，着手做好眼前的工作，相信自己做好现在便能把握未来！

第十章

工作着，享受着：重新看待你的工作

很多人之所以觉得工作痛苦，只是因为他们内心将之视为了一种惩罚，于是每天都在承受着漫长而痛苦的煎熬；有些人觉得工作轻松而快活，因为他们热爱自己所做的一切，视其为一种享受，于是，生命就像是一支悠扬而动听的歌谣。重拾你工作的热情吧，你会发现，工作是一种享受，而不是漫长无望的苦役！

1 人生的乐趣隐含在工作之中

工作是人生的乐趣，你可以毫不犹豫地这样告诉自己。即使是最不起眼的职业，你也能从中体验到快乐与满足。每个人的心灵，都会不时受到悲伤、悔恨、迷惑、自卑、绝望等不良情绪的侵扰，如果此时能集中精力于工作上，这些让自己无法正常生活的负面影响就会被抛在一边——它们就像弹簧一样，当你用力挤压时，它们自然抬不起头来。此时，你也真正成了坚强、有自尊的人。在工作中，像火一样温暖的幸福和快乐就会从心底迸发出来。

工作不是为了谋生才去做的事，而是值得用生命去做的事，工作是一个包含诸多智慧、热情、信仰、想象和创造力的词汇。每一项工作都有它存在的价值，只要你善于去发现。

喜爱工作是主动完成工作的原动力，是不被工作追着跑的秘诀。主动工作需要热情和行动，主动工作需要努力和勤奋，主动工作需要一种积极向上、自动自发的精神。只有以这样的正面思维去对待工作，你才能主动掌控工作，得到工作给予的奖赏，才能体会到工作的价值所在。

正如美国小说家马修斯说："勤奋工作是我们心灵的修复剂，可以让生理和心理得到补偿。同理，勤奋工作也是对付愤懑、忧郁、情绪低落、懒散的最好武器。有谁见过一个精力旺盛、生活充实的人，会苦恼不堪、可怜巴巴呢？英勇无敌、对胜利充满渴望的士兵是不会在乎一点小伤的。出色的演说家不会因为身有小恙就口齿木讷、词不达意。当你的精神专注于一点，心中只有自己的事业，其他不良情绪就不会侵入进来。而空虚

的人，其心灵是空荡荡的，门窗大开，不满、忧伤、厌倦等各种负面情绪就会乘虚而入，侵占整个心灵，挥之不去。”

工作和劳动是天然的保健医生，它们可以使人肌肉发达，身体强壮，血液循环加快，思维敏捷，判断准确，还可以唤醒沉睡已久的创造力，激发雄心，从而把更多的聪明才智发挥到工作中去。

工作对于人类的精神状态也有很好地保持作用。迪恩·法拉就曾说：“工作是人类与生俱来的权利，至今仍保存完好，它是最有效的心灵滋补剂，是医治精神疾病的良药。”这从自然界就可以得到体现。一潭死水会逐渐变臭，奔流的小溪会更加清澈。如果没有狂风暴雨，没有飓风海啸，地球上全部是陆地，空气静止不动，这样的世界就毫无生趣。

诺贝尔经济学奖得主丹尼尔·卡尼曼是一位美式足球的铁杆球迷，他每年都不会错过1月份的季后赛。美式足球比赛时间为一场60分钟，时间并不算长，但同其他球赛一样，其中少不了犯规、换场、中场休息、伤停补时、教练叫停等，这样就会耗费很多时间。要花这么长的时间在电视机前看比赛，而且中间还有一些无用时间，尼尔·卡尼曼渐渐地感到这样很浪费时间，甚至为此而产生了罪恶感。然而，球赛又不能不看，因此，为了在心理上找到平衡，他准备在看球赛时给自己找点其他的事干。

于是他在后院捡了两大桶核桃，放到客厅里，一边看电视，一边敲核桃，这样忙碌着使自己不至于闲着无事，心理自然安定了许多。

当丹尼尔·卡尼曼边看球赛边敲核桃时，他脑子突然又冒出了一连串的问题：“为什么自己长时间坐在电视机前无事可做会有罪恶感？为什么自己这么一会儿没工作就心里不踏实？”

丹尼尔·卡尼曼在不断地敲核桃的过程中悟出了一道理：社会赞许工作，工作不仅对个人有价值，对其他人也是有价值的。如果一个人饱食终日而无所事事，那么除他自己的得失之外，别人也无法享受他从事生产所带来的“交换价值”。也就是说，社会对工作赋予道德上正面的价值，直接或间接地促进了社会的发展和进步。

工作能够给人带来充实。马齐奥教授说：“我常常感到压抑和沮丧，但是，长年养成的工作习惯，让我从中解脱了出来，即使遭遇再大的不幸，也不会击垮我。我觉得学术研究工作本身就是一种消遣，面对政治、社会、宗教方面的一些重大问题时，即便弄得筋疲力尽、无功而返，我也觉得生活很充实。"

俾斯麦告诉世人："勤奋工作是一个人拥有真正生活的保护神。"在他去世的前几年，当被问及用一句简单的话概括生活的准则时，他说："这条准则可以用一个词表达：工作。工作是生活的第一要义；不工作，生命就会变得空虚，就会变得毫无意义，也不会有乐趣。没有人游手好闲却能感受到真正的快乐。对于刚刚跨入生活门槛的年轻人来说，我的建议只是三个词：工作，工作，工作！"

对一个人来说，生命中最重要的活动就是工作。无论你在这世界上选择什么样的工作，为什么工作，如何对待工作，从根本上来说，这都不是一些简单的关于干什么事和得到什么报酬的问题，而是一个关乎生命意义和人生乐趣的问题。

工作是人生最大的财富，需要你去用心体会与发现。发现工作的价值，应有一个良好的态度，著名管理咨询专家蒙迪·斯泰尔在为《洛杉矶时报》所撰写的专栏中曾经说道："每个人都被赋予了工作权利，一个人对待工作的态度决定了这个人对待生命的态度，工作是人的天职，是人类共同拥有和崇尚的一种精神。当我们把工作当成一项使命时，就能从中学到更多的知识，积累更多的经验，就能从全身心投入工作的过程中找到快乐、发现机会，取得成功。当然，拥有这种工作态度或许不会有立竿见影的效果，但可以肯定的是，当'轻视工作'成为一种习惯时，其结果可想而知。工作上的日渐平庸虽然表面上看起来只是损失了一些金钱和时间，但是对你的人生将留下无法挽回的遗憾。"如果你能以这种心态，这种积极的思维方式去对待自己的工作，你一定会发现工作的价值所在。

每个人必须竭尽全力，勤奋工作。因为工作是生活的前提，工作是维系人类命运的根本，工作是人的需要，是人的天职。人来到这个社会，就应为这个社会做些事情，在历史的长河中留下一点痕迹。你把精力奉献给你所从事的工作，这个痕迹就一定存在，或深或浅。当我们要交出接力棒时，就能无愧地说："我今生无悔，因为我尽力了。"

辛勤工作的人从来都被社会和世人尊重。比尔·盖茨说："我只敬重

两种人，没有第三种。第一种是不辞辛劳的劳动者，他们勤勤恳恳，默默无闻，日复一日，年复一年，在改造自然的过程中，活出了人的尊严。我非常敬佩那些从事繁重劳动的体力劳动者。我钦佩的第二种人，是那些为了人类能有一个独立的、丰富的精神世界而孜孜求索的人。他们的劳动不是为了一日三餐，而是为了增加生命的养分。稍事劳作就可以满足日常生活的需要，难道就不需要用艰苦而又神圣的劳动，去换取轻松愉悦的精神生活和内心自由了吗？我只敬佩这两种人。”

工作有益于身体和心理的健康；工作可以驱赶人们的空虚，给人带来充实；工作能够让黯淡无光的生活熠熠生辉，让人快乐；工作能够改造世界，给人以尊严和成就感，从而体现自我价值；工作能够给人们带来无尽的乐趣。

2

你不快乐，不是工作的错

一个善于管理情绪的人会将快乐的钥匙握在自己手里，能将快乐和幸福带给他人。

对于不良情绪，除了自我调节和消化外，我们还应该给它找个宣泄的出口，让它尽快释放出来，正所谓“堵不如疏”。

对于环境污染大家早已耳熟能详，而且都在尽力避免或减少各种环境污染，但生活中有一种污染却尚未引起人们的注意，那就是情绪污染。在工作和生活中，不良情绪就像扔进平静湖面的小石头，处理不当就会像涟漪一波一波地扩散，以致严重地影响我们的工作和生活。

老板骂了员工小王；小王很生气，回家跟妻子大吵一架；妻子觉得很窝火，正好儿子回家晚了，“啪”给了儿子一记耳光；儿子捂着脸，看见自家的猫在身边，不分青红皂白就狠狠地给猫一脚；那可怜的猫不知所措，转身就跑，冲到外面街上，正遇上街上的一辆车，司机为了避让猫，却把旁边的一个小孩撞伤了。

这就是心理学上著名的“踢猫效应”。“踢猫效应”说明不良情绪是可以传染的。我们每一个人都有负面情绪，如果处理不当，负面情绪就会像“踢猫效应”一样不断向外传染，影响自己和他人的工作和生活。

在职场中，情绪化的人往往被贴上“不够成熟”的标签，也往往会使周围的同事觉得这个人不好相处，工作上很难和谐交流。如果我们带着情绪去想问题或做事情，往往会导致思考问题的片面化或者把事情搞砸，因为情绪本身影响了大脑的正常思维。

很多时候工作拖欠无果，效率低下，也正是由于情绪不佳，而影响到了工作的原因。因而只能每天被工作追着跑。本来情绪不佳，工作又紧追不舍，只会让情绪更加恶化，怎么可能指望工作能有高效率呢？只会让情绪越来越糟，工作越来越差，最终弄得自己都崩溃。

如果我们能自我调节和消化负面情绪，并将它们消灭于无形当然不错，但一味地压抑心中不快，只能暂时解决问题，负面情绪并不会消失，久而久之，就可能填满我们的内心世界，使我们的身心越来越疲惫。因此，除了自我调节和消化外，我们还应该给不良情绪找个宣泄的出口，让它尽快释放出来，正所谓“堵不如疏”。

曾经看过一则报导，说 19 世纪的黑死病是“肺病”，而 20 世纪的黑死病是“癌症”，那么 21 世纪的黑死病是什么呢？答案是“忧虑”。负面情绪对我们工作和生活的影响，由此可见一斑。既然负面情绪对我们影响如此之大，那么我们能够管理它吗？如何管理它呢？

著名专栏作家哈理斯和朋友在报摊上买报纸，那朋友礼貌地对报贩说了声“谢谢”，但报贩却冰冷着脸，没有任何反应。

“这家伙态度很差，是不是？”他们继续前行时，哈理斯问道。

朋友回答说：“他每天晚上都是这样的。”

“那么，你为什么还是对他如此客气？”哈理斯不解地问。

朋友反问道：“为什么我要让他决定我的行为？”

显然，哈理斯的朋友是一位情绪管理高手，他的言行也证明情绪是可以管理的，情绪管理的精髓就是“不要让别人决定你的行为”——一个善

于管理情绪的人会将快乐的钥匙握在自己手里，能将快乐和幸福带给他人。在繁忙的工作中，遇到不顺心的事情，我们的情绪更容易受外界因素的左右，所以工作越忙越应该记住“控制局面，而不是被局面控制”。

然而，我们的大部分人都只是凡人，如果不将这种不快宣泄出来是很难算完的。那么，我们应该通过哪些方式来宣泄自己的不良情绪？除了放声大吼来宣泄不良情绪外，下面的方法也是很有效的：

与友人倾心交谈。当苦恼时，找自己信任的、谈得来的、同时头脑也较冷静的知心朋友倾心交谈，将心中的郁闷及时发泄出来。通过自己的倾诉和朋友的疏导，一肚子的气也会随之消散。

高歌泄尽心中烦恼。唱歌，尤其是高歌，除了愉悦身心外，它还是宣泄紧张和排解不良情绪的有效手段。

摔打安全的器物，如枕头、皮球、沙包等，狠狠地摔打，我们会吃惊地发现身体的发泄对缓解压力是多么有效。

利用环境调节情绪。心情不好或感到压力大、郁闷不乐时，如果投身到大自然的怀抱，我们的心绪往往就能很快得到舒缓。如果有条件，还可以进行短期旅游，从而彻底放松自我。

转移注意力。当出现不良情绪时，可以将注意力转移到其他活动上去，忘我地去干一件自己喜欢干的事，如练习书法、打球、上网等，从而将心中的苦闷、烦恼、愤怒、忧愁、焦虑等不良情绪通过这些有情趣的活动得到宣泄。

现实生活中宣泄的方法很多，人与人因个体差异和所处环境、条件的差异，采用宣泄的方式也不同，从小小的一声叹气，到大声痛哭、疾呼、怒吼以及练习书法、打球、散步、聊天等，都可以起到宣泄不良情绪的作用。宣泄的方式没有固定的模式，只要不给他人和自己带来负面影响，又能让自己的不良情绪得宣泄即可。

当我们拥有良好的情绪，工作效率也会大大提高，在工作上也会相应地取得更多的成绩，工作也就不再是我们的累赘或是烦恼了。

3

走出工作的误区

一个人积极向上、努力工作的主动性并等于他必须是个工作狂人。然而，在我们的周围，我们却经常会看到这样的人：他们每天工作超过10小时，脑子里从来没有周末、节假日的概念；他们基本不会有上下班的界限；偶尔陪家人朋友散心逛街，他们脑子里念念不忘的还是工作……对于工作，他们可以说是已经到了一种痴迷状态，但最终的结果却只能是工作劲头越来越小，工作效率越来越低。

最繁忙的时候，克里斯·基恩连续好几天都见不到宝贝女儿睁眼的模样。基恩是德勤(世界四大会计师事务所之一)位于芝加哥办公室的一名税务会计。他每天都拼命地工作，他觉得只有为老婆和女儿提供了足够的物质保障才能让她们幸福。然而，最近他却发现自己的工作效率已经明显不如从前，甚至经常忘东忘西的，工作效率的下降让他开始反思。

一段时间的思考后，他终于打算终结这一“工作狂”的状态。基恩去见了公司合伙人以及他的上司，告诉他们他需要在工作上做出调整。他们答应了。从那天起，基恩开始每周留四天在家远程办公。一段时间后，他发现工作效率并没有因为放松的神经而下降，反而又有了以前工作的激情，工作效率也有了明显提升。

人类在文明化进程中所付出的重大代价，就是对自身的压榨。所谓“过犹不及”，我们需要找到一份自己喜欢的工作，在工作的过程中体会快乐和价值，但也并不应该成为“工作狂”。工作是一种享受，而不应该是一种惩罚。

潘洁原是普华永道上海办事处的一名初级审计员，上海交

通大学硕士毕业的她热情开朗，工作上进，然而，就是这么一位阳光的女孩却在25岁如花般的年龄就终止了心跳。

自2010年10月进入普华永道后，潘洁时常在微博上流露出工作很忙、睡眠不足的信息。时候，人们在翻阅她的微博时发现，以2011年1月1日为界，在此之前，她的微博更新速度很快，经常一天发数条，关注的焦点多为生活记忆，如挤地铁、看电影、想去荷兰看郁金香……而此后的半年内，她的微博更新速度明显下降，内容也大多变成与工作和健康有关，比如，又加班了，在柳州出差，两脚发飘，肺都快咳出来了……

2011年4月10日晚，潘洁因急性脑膜炎不治身亡，年仅25岁。其死亡事件再次引起白领阶层对"过劳死"的担忧。

调查发现，随着收入的提高，人们将越来越重视闲暇。但现实情况是，许多人越来越忙。忙的一个原因是，我们这个社会竞争越来越激烈，要想有所作为，就得比别人更卖劲地工作，结果是许多人的生活质量与工作效率反而逐渐下降。

因此，别再以"工作狂"为榜样了，工作就要适得其所，关键在于能够高效地将其完成，而不是将每一分每一秒都用来工作！我们必须把所有的工作都看做是有用的，尽量从工作的每一分钟里得到满足，而不是从每一分中去寻找工作的"苦楚"。

马克是美国某个乡村地区唯一一名医生。他是个大忙人，要上门就诊，要提供咨询，要承担当地医疗中心主任的工作，还要经常去法庭担任法医顾问。他不分昼夜地工作，忽视了生活失控的一些信号，经常晚上不回家而睡在办公室里。一天晚上，他居然在开车回家时睡着了，汽车打了几个滚之后才撞到东西停下来。马克当场身亡。

一味地劳累、马不停蹄地工作只会将我们陷入困境，甚至如马克一般因此失去宝贵的生命。善于工作的人懂得从忙碌的工作中挤出时间来休息，并从枯燥的工作中发现能引起自己极大兴趣的因素，这样他们总是能够成为工作的主人，而不是被工作追着跑个不停，在提高工作效率的同时，大大节约工作时间。那么，怎样才能提高我们的工作效率，不让自己每时每刻都在工作状态徘徊呢？

(1)过去做过了的,即使做错了也不后悔。经常悔恨以前所做过的事情,只会浪费许多时间,所以从时间这个角度来看,任何懊悔都是不必要的。

(2)充足的时间应用在最重要的事情上面,这是节约时间的诀窍。如果常常在不重要的事情上纠缠,就难以达到节约时间的目的。

(3)经常掌握一些新的节约时间的技巧,对这些新的节约时间的技巧应尽快熟知并加以利用。

(4)午餐要适量。午餐不可吃得太多、太饱,否则到下午容易打瞌睡,工作效率会降低,而工作效率的降低,本身就是浪费时间。

(5)学会浏览报纸,不能事无巨细全部看完,那会浪费时间。

(6)掌握快速读书的方法,以最短的时间获取书中最主要的观点。

(7)不要花过多的时间在电视机上,只要看一看有关新闻和关于业务方面的节目即可。

(8)把表拨快5分钟,每天提早开始工作。

(9)在处理必须处理的小事情的同时,要把重要的工作、目标记在心中,并善于在处理一些小事情中发现能够促成重要工作目标并迅速实现的重要线索。

(10)早上上班后的首件事,就是排列好当天工作的次序。按照排列的次序制成一张表,把重要的工作放在最前面,并尽快去完成。

(11)在每月制订计划时要有弹性,最好在计划中留出空余时间,以便应付紧急情况。

(12)在完成重要工作项目以后,要进行适当的休息,以求得工作和休息的平衡。

(13)对难度较大的工作要智取,不要蛮干。

(14)经常问问自己:“若做这些事情,会不会产生效果?”如果不会,就干脆不做。

(15)一次最好只专心致力于一项工作。

(16)自己感到马上可以取得成功时,就要抓紧时间去做,不要耽误。

(17)要养成逐条检查日常工作计划表的习惯,看看是否有意跳过了困难的项目。

(18)草拟文件时不要怕花费时间,一定要深思熟虑。

(19)在精力最佳的上午投入工作。

(20)对自己的每一项工作都要确定完成的期限，要尽可能在期限内完成，绝不可超过期限。

(21)各种常用或不常用的物品要各有定位，这样可以避免在寻找时浪费太多时间。

4

欲望太多，心灵就会变穷

人生在世，既要善于与人交往，重视从人际交往中获取乐趣，更要重视内心世界的建设，懂得与自己的心灵交谈，从优雅、宁静的独处中感悟人生。

人必须腾出时间与自己的心灵交谈，与自己独处，因为它给我们闲适、轻松和自我反省的机会，它也给我们提供陪伴自己的机会，让自己享有自在感。当今社会，充满了喧嚣和浮躁，有很多人在这样的浮躁中迷失了自己。尽管每天都很忙碌，有很多的事情要做，但似乎工作只是工作，找不到乐趣和意义所在，因此，工作越来越不积极，最后只想逃离。

小乐在现在的公司工作两年多了，可是他却发现自己很迷茫，有一种想逃的冲动。前不久他用一种无奈的状态换回了老板的青睐，以为自己能好好地发挥了，可是新的定位依然是那么模糊。一种无奈的感觉再次迸发。

接着，他用一种冷静的心态看待现在的人生瓶颈状态，以为自己能好好地安下心来工作，完成一个可以成就自己的项目。但这样的心态只存在了一周。之后，又不自觉地进入了不知所措、迷茫的状态中，怎么也不能踏实下来。浮躁和厌倦的情绪包围着他，使他厌倦现在的工作和生活方式。他想逃离，逃得越远越好，逃到新的生存环境和生活状态中去。

这种“逃避”心理，是典型的心理迷失的一种表现。其实，要想提高我们的工作效率就必须学会与心灵对话。如果一个人不懂得与自己的心灵交谈、与自己独处，就会感觉到孤单、寂寞和无聊，以至于陷入空虚的泥潭，继而对工作产生反感。

与自己谈话、与自己相处是一种能力。具备了这样的能力，才能排除外界的各种干扰，在纷繁之中保持一份清静，坚守自我。

生活中有两种状态最容易造成心理迷失：一是太忙，二是太闲。很多人都会面临这两种极端的状态，从而使自己无法把握自己的命运。

许多人都感叹自己负担沉重，生活、工作事务繁重，结果一忙就乱，而乱中最易出错。有时候，面对着各种应酬，就以为这是表现自己才干或拓展事业的大好机会。殊不知，这是一种人生的错觉。有了这个错觉之后，人就会忙许多自己不该忙的事情，反而将自己最该做的事情忽略了。这其实是对生命的白白浪费。与忙来忙去、无事也要瞎忙的人相反，有的人可能走向另一个极端，那就是整天无所事事，倍感闲极无聊，常常不知道如何打发自己的时间。这是对自己生命和才华的另一种浪费，同样需要警惕。

一个人知道满足，心里就时常是快乐的，会身心健康。相反，贪得无厌，不知满足，就会时时感到焦虑不安，甚至是痛苦不堪。

明朝有个人叫胡九韶，他的家境很贫困，一面教书，一面努力耕作，仅仅维持温饱。但每天黄昏时，胡九韶都要到门口焚香，向天拜九拜，感谢上天赐给他一天的清福。妻子笑他说：“我们一天三餐都是菜粥，怎么谈得上是清福？”胡九韶说：“我首先很庆幸生在太平盛世，没有战争兵祸。又庆幸我们全家人都能有饭吃，有衣穿，不至于挨饿受冻。第三庆幸的是家里床上没有病人，监狱中没有囚犯，这不是清福是什么？”

快乐、幸福都是建立在知足的基础上的。这里并不是说不思进取，不前进，而是在自己的能力控制范围内循序渐进地前进。不要把太多不实际、不可能完成的事摆在眼前。

老子说：“祸莫大于不知足，咎莫大于欲得。故知足之足，常足矣。”确

实，祸患没有大过不知满足的了；过失没有大过贪得无厌的了。所以知道满足的人，永远觉得是快乐的。用叔本华的观点来说，不满足使人生在欲望与失望之间痛苦不堪。

有一个小朋友丢失了一个玩具，十分难过。正在寻找玩具的时候，一个大朋友见他可怜，就从自己的包里取出一个玩具给他。这时候，这个小朋友显得更伤心，大朋友非常不解地问他："你现在不是得回一个玩具吗？为何还这样伤心？"小朋友回答说："因为我本可以有两个玩具。"

知足者想问题、做事情能够顺其自然，保持一份淡然的心境，并乐在其中。这并不是削弱人的斗志和进取精神，在知足的乐观和平静中，认真总结经验，而后进取，开拓，将会取得更大的成功。知足常乐，是个人永远的精神追求。

在前进的道路上，当我们取得一些成绩的时候，如果我们都能知足，能够保持乐观的心态，在对待生活中的困难时，就会泰然处之。知足常乐，在烦躁与喧嚣中，会过滤掉压抑与沉闷。

许多时候，忙碌带给我们的负面情绪并不严重，但是由于我们总是习惯性地紧盯住这些负面情绪，使它们无限放大，产生的消极影响也就越来越大。

快乐与否，其实并不在于事情本身，而在于我们是"放大痛苦，缩小快乐"，还是"缩小痛苦，放大快乐"。难怪有人说心灵是自我做主的地方，在心灵中，天堂可以变成地狱，地狱可以变成天堂。是天堂还是地狱，关键在于自己怎么去看，怎么去对待。

台湾作家林清玄曾作散文《常想一二》。朋友问是什么意思，林清玄说："俗语说人生不如意事，十有八九，我们生命里面不如意的事占了绝大部分，因此，活着本身是痛苦的。但扣除八九成的不如意，至少还有一二成是如意的、快乐的、欣慰的事情，我们如果要过快乐人生，就要常想那一二成好事，这样就会感到庆幸、懂得珍惜，不致被八九成的不如意打倒。"

朋友听了，非常欢喜求他写下"常想一二"这几个字，抱着"常想一二"回家了。后来那位朋友说，每天在办公室劳累受气，回到家看到"常想一二"这幅字就觉得很开心，但是墙壁太大，字

太小，又求林清玄写字，林清玄则加了一个下联“不思八九”，又写上一个“如意”的横批。

就像黑夜总与阳光相随，快乐的日子总有烦恼伴随，如果我们放大快乐，我们的生活中就充满了开心和阳光；我们放大痛苦，我们的生活就会充满不幸和抱怨；我们放大悲伤，我们的生活中就充满了泪水和忧愁。放大快乐是一种绝妙的减负方法，更是一种积极主动的人生态度。“决定生命品质的不是八九，而是一二”，所以只要我们“常想一二，不思八九”，就等于把快乐的钥匙握在了自己的手里；只要我们“常想一二，不思八九”，就可以“缩小痛苦，放大快乐”，自然也不会让那些负面情绪影响了自己的心境和效率。

“宁静致远，淡泊明志”中蕴含着诸葛亮知足常乐的清高雅洁；“采菊东篱下，悠然见南山”中尽显陶渊明知足常乐的悠然；沈复所言“老天待我至为厚矣”表达了知足常乐的真情实感；曾国藩认为人生一切都“不宜圆满”，以免乐极生悲，名其书房为“求阙斋”，体现了知足常乐的智慧；林语堂说半玩世半认真是最好的处世方法，不忧虑过甚，也不完全无忧无虑，才是最好的生活，这也流露了知足常乐的幽默。

知足是一种处事态度，更是一种积极完成工作的方法。当我们在追求、拼搏中迷失方向的时候，知足常乐，是一个避风的港口。真正做到知足，工作起来才能多一些从容、多一些乐趣。

5 不做工作的“心理奴隶”

我们常常说，心态左右一切，在职场更是这样，心态左右工作，心态左右一切。你有好的心态，工作起来就会精力充沛，就会得心应手，即使再

难的工作，我们也有足够的勇气把它做好。

如果心态不好，情绪消极，你就总会感觉到工作给你的无尽压力让你不能承受，甚至心生厌倦。所以，要做好工作，必须拿得起放得下，不做工作的“心理奴隶”。现实中的很多压力，它们本身的分量并不一定很重，而是因为我们拿起来后没有适时放下，所以才越来越重。

有这样一种说法：拿不起放不下的是下等人；拿得起放不下的是中等人；拿得起放得下的是上等人。在生活和工作中，很多貌似沉重的东西本身分量并不一定很重，而是因为我们把它看得太重。多数的烦恼是不值一提的。

死神来到一个村落，向那里的人宣布：“明天我要带走100人的生命，至于是哪些人，谜底就留待明天揭晓。”次日，当死神再次回到村落准备带人的时候，意外地发现，这个村落中一夜之间竟然死了1 000人！原来是恐惧心理作祟的后果。

或许这个故事有些夸张，但是科学研究表明，人们在生活和工作中有许多压力是毫无必要的。下面的数字可能让我们对忧虑有一个新的认识。

人们担忧的事情有40%永远不会发生。

30%的忧虑涉及过去做出的决定，这些都是无法改变的。

12%的忧虑是出于自卑感而产生的。

10%的忧虑与健康有关，而越担忧问题就会越严重。

只有8%的忧虑可以列入合理的范围。

可见，有时人因为压力而感到忧虑，其实并非真正的压力所致，而是自寻烦恼。而这些大多属于“庸人自扰”的忧虑却会让我们花费大量的精力，从而降低工作效率，形成恶性循环，最终毁了我们的职场生涯。可见，学会放下是调节心理的重要方法。

有一位讲师在讲压力管理的课堂上拿起一杯水，然后问台下的听众：“各位认为这杯水有多重？”听众有的说20克，有的说100克，有的说500克……大家你一言我一语地发表自己的看法。

等到大家发表完看法后，讲师开始说话了：“其实，这杯水的重量并不重要，重要的是你能拿多久？拿一分钟，各位一定觉得没问题；拿一小时，可能觉得手酸；拿一天，可能就得叫救护车了。其实这杯水的重量是一样的，但是你拿得越久，就觉得越沉重。”

说完，讲师停了下来，想看看听众都有何反应。正当台下的听众感到有些纳闷时，他向大家提出了一个问题：“这与我们今天的压力管理主题有什么关系呢？”

台下的听众都陷入了沉思，突然有一位听众站了起来，回答道：“老师，我想这与压力管理有两个关系。一方面，就如同这杯水，刚才有的人说500克，也有的人说20克，面对相同的压力，不同的人的感受是不同的。这说明压力的大小，不完全取决于压力本身，同时也取决于我们心里有多么看重它。”讲师一边听一边点头，台下的其他听众也觉得很有道理，都在期待着他讲“另一方面”。

“另一方面，就是这水杯对我们身体造成的压力，就像我们承受压力一样，如果我们一直把压力放在身上，不管压力是大是小，我们都会觉得压力越来越沉重，以致最终无法承受。我们必须做的是，放下这杯水，休息一会儿后再拿起这杯水，如此我们才能够拿得更久。”

显然，讲师对这个回答非常满意，于是总结性地发表了自己的意见：“所以，各位应该将自己承受的压力在一段时间后适时地放下，并好好地休息一下，然后再重新拿起来，这样才能承受更久的压力，才能承受更大的压力。”

佛家说：“放下即是快乐！”面对工作的重重压力，也是一样。放下就是快乐，放不下，自然快乐不起来，就只能任由一些原本无所谓的压力压得自己气喘吁吁，不胜疲累。你的工作也会在不知不觉中被你的这种心理控制着，你也在不知不觉中成为了工作的心理奴隶，任由工作摆布你的一切，你沉沦其中，无力自拔。每天都疲于奔命般被工作追着不停地跑，生活在不喜欢的环境里，做着违背自己意愿的事情，从来感受不到工作的快乐和生活的幸福……毫无疑问，这是相当危险的一种状态。如果不能及时改变自己这种被工作奴役的心理，摆脱禁锢我们心灵的枷锁，我们将永远无法改变被工作追着跑的局面。

小男孩看完了精彩的马戏团表演后，跟在父亲身后去喂养表演完的动物，小孩看见一头大象，不解地问："爸爸，大象有那么大的力气，而它的脚上只系着一条小小的铁链，难道它无法挣开那一条铁链逃走吗？"

父亲微笑着耐心地说道："是的，大象挣不开那条细细的铁链，因为在大象还小的时候，驯兽师就用那条细细的铁链系住了大象，那时候大象也想挣脱这条小小的铁链，可是挣扎了几次都没能挣脱，于是，它就放弃了这个念头，觉得自己根本无法逃脱，也就不再挣扎了。因此，它长大以后，尽管已经有了足够的力气挣脱铁链，但是它的心灵已经被禁锢，不愿意再尝试了。那条铁链不只拴住了它的腿，更拴住了它的心灵。"

其实不止是小象，我们很多人都会被一条看不见的铁链束缚着，并把它当作理所当然。就像我们对待工作，如果你在心里已经认为你必须为工作忙碌，那么，即便你有休假的时间，你还是会没完没了地想着你的工作，那你就永远也得不到轻闲；如果你总以为你的工作任务很重，不一刻不停地做，就绝不可能做完，你就会形成一种被工作压制的心理，很难放下这种担忧，不知不觉间也成了工作的奴隶；如果你看轻自己的能力，认为自己怎样努力也不可能做出好的成绩，于是工作时就不太愿意尽全力，当别人说"其实你也可以通过努力获取这样的成功"时，你根本不相信，还会极力地否定："怎么可能，我怎么能够和人家比，我不行的。"结果呢，这样的心理套住你了，你永远无法像别人一样自信，永远不可能把工作真正做得出色，总是比别人慢半拍，总是比别人差一些，因而你在职场就永远只能是一个默默无闻的人；还有的人在心理上抗拒工作，抱着一种得过且过、差不多就行的心态，认为把工作干好还是干坏没有区别，这样的心理驱使着他们工作时马马虎虎，在职场懒懒散散，整天被工作追着跑，最终只能是被淘汰；对工作感到自卑的人，更是心甘情愿地做工作的奴隶，因为他们觉得自己怎么做也不可能赶上别人，干脆放任自己，自暴自弃，自甘堕落，并最终让自己一事无成，甚至丢掉工作……心灵的枷锁阻碍了我们前进的道路，使我们向环境低头，甚至于开始认命服输、一蹶不振或者怨天尤人、自怨自艾，最终不仅让我们从心理上成为了工作的奴隶，整个人都成了工作的奴隶。

而这一切都是我们心中那条束缚自我的铁链在作祟罢了。所以，不要做工作的心理奴隶，而应当做工作的主人，时刻掌控工作而不是总被工作掌控。我们应当努力工作，努力才能在工作上做出成绩，而不是一无所成，努力才能让我们时刻跑在工作的前面，而不是被工作追着跑。但是努力不是要让我们成为工作的奴隶，而应当成为工作的主人，让工作成为快乐和享受，让我们在享受和快乐中把工作做得尽可能地好；我们要心态积极，勇于进取，不能消极自卑，消极自卑只会让我们的压力越来越大，并最终被工作压垮。我们要改变心态，让自己变得坚强一点，变得勇敢一点，变得积极一点，变得自信一点，这样我们的工作才能更加轻松，更加快乐，更加有意思，让我们更愿意去努力！

其实改变并不难，只要轻轻用力，就可以挣脱束缚，为什么不试？不要太在乎别人的看法，不要被一些陈规旧俗束缚住，走自己的路，让别人去说吧。挣开那些绑住心灵的枷锁，放开手脚，发掘自我的内在潜力，就会突破樊篱，彻底摆脱工作的奴役，发现另一个完全不同的天地。

工作不是我们的主人，也不应当是我们的主人，工作最多不过是我们的跳板，当我们稳稳地站在跳板上，只需一跃，便能跳入成功的水池！

附　录

开心一刻

买牛奶

一个人去买牛奶。

小贩说："1 瓶 3 块，3 瓶 10 块。"

他很无语，于是掏出 3 块买了 1 瓶，如是三次。

然后他对小贩说："哈哈，看到没，我花 9 块就买了 3 瓶。"

小贩："哈哈，自从我这么干，每次都能一下卖掉 3 瓶。"

总得送点什么

昨天买车的时候，我问销售代表："你们送不送车膜？"

他说："不送。"

我问："送不送盗抢险？"

他说："不送"。

我问："送不送脚垫？"

他说："不送"。

我不高兴了，说："你们总得送点什么吧？"

他想了想，说："这么着吧，我们免费给你装一个车铃！！！"

就这样，我一路拨着车铃，丁零零丁零零地开着车回家了。

刚刚给您打电话

刚才同事替我签收了一个包裹，问我是不是有昵称叫"刚刚"。

我说："没有啊。"

同事很诧异："那为什么这个包裹收件人写'刚刚'收？"

我愣了，寄件人是我的一个新客户。

我翻出之前给他发的短信，上面赫然写着：×总，您好，我是刚刚给您打电话的小×……

有药吗

病人给医生打电话问："你有药吗？"

医生说："我有'药'吗？"

病人又问："你有药吗？"

医生也又说："我有'药'吗？"

病人大声问："你到底有有没有药？"

医生也大声说："我有，要吗？"

十亿太少我不做

喝咖啡，旁边坐一西装男，电话响起，他接通了埋怨："不是跟你说了，你那笔单才十亿，太少，我不做。"然后挂断。

同样做生意的我，望着他的眼光顿时添了几分尊重。问："您哪家公司老板啊？这么大生意都不接？"

他尴尬一笑："我印冥币的，一百万一张，十亿利润才几十块钱，谁做！"

坑爹的商城

一天，某商场的牙膏买一送二，一个老人拿着三只牙膏，却付了一支的钱，收银台的小姐对他说："你应该付三只牙膏的钱！"

老人说："那不是写着牙膏买一送二吗？"

"又没告诉你送什么！"小姐说。

"那送什么？"老人问小姐。

那个小姐从柜子里拿出两根牙签，对老人说：送这个。

老人无奈地走了……